本书得到 2021 年度湖北省高等学校哲学社会科学研究青年项目 "湖北省中医药康养旅游高质量发展研究"（21Q253）资助；湖北省人文社科重点研究基地大别山旅游经济与文化研究中心资助项目 "湖北省大别山中医药康养旅游高质量发展研究"（202224004）资助；是 2021 年度湖北省高等学校哲学社会科学研究一般项目 " '双循环' 新发展格局下湖北康养旅游高质量发展路径研究"（21Y215）阶段性成果。

湖北省中医药康养旅游
高质量发展研究

甘　婷　著

重庆出版集团　重庆出版社

图书在版编目 (CIP) 数据

湖北省中医药康养旅游高质量发展研究 / 甘婷著 .
— 重庆：重庆出版社，2022.12
ISBN 978-7-229-17319-7

Ⅰ . ①湖… Ⅱ . ①甘… Ⅲ . ①中国医药学 – 旅游业发
展 – 研究 – 湖北 Ⅳ . ① F592.763

中国版本图书馆 CIP 数据核字 (2022) 第 235068 号

湖北省中医药康养旅游高质量发展研究
HUBEISHENG ZHONGYIYAO KANGYANG LÜYOU GAOZHILIANG FAZHAN YANJIU
甘婷　著

责任编辑：袁婷婷
责任校对：何建云
装帧设计：优盛文化

 重庆出版集团
重庆出版社 出版

重庆市南岸区南滨路 162 号 1 幢　邮编：400061　http://www.cqph.com
三河市华晨印务有限公司
重庆出版集团图书发行有限公司发行
E-MAIL: fxchu@cqph.com　邮购电话：023-61520646
全国新华书店经销

开本：710mm×1000mm　1/16　印张：11.75　字数：200 千
2023 年 5 月第 1 版　2023 年 5 月第 1 次印刷
ISBN 978-7-229-17319-7

定价：78.00 元

如有印装质量问题，请向本集团图书发行有限公司调换：023-61520417

代
序

2019 年 12 月以来，新冠肺炎疫情从发现到全国大流行，其传播速度、跨界范围和对公众健康伤害的严重程度都是闻所未闻的。时光的巨轮走到今天，奥密克戎等新的变种病毒又在兴起，街前屋后的人们仍然戴着厚厚的口罩穿行，防疫工作仍然是重中之重。清明、五一、端午小长假的旅游潮也比疫情前清淡了许多。

面对大自然的灾难，作为"为天地立心，为生民立命"的知识分子，我们又该做些什么呢？甘婷女士在她力所能及的范围内做出了很好的回答。她是我在黄冈师范学院认识的优秀老师，躬耕于旅游管理教学与研究领域已有十余年，取得了不少成果。因为新冠疫情，她开始逐渐关注中医药康养的功效和中医药康养旅游这一旅游新业态，并确立了湖北省中医药康养旅游高质量发展研究这一选题，投入大量精力进行相关文献的搜集、整理和前期调研工作。

湖北省尤其是鄂东地区千年来都是中国传统中医药文化的重要传承地，有厚重的中医药康养文化传承和地域生态优势。作为国家"中部崛起"战略的重要支点，湖北省已迎来中医药大健康产业发展的重要历史机遇期。2021年 6 月，湖北省委十一届九次全会已明确提出构建"51020"现代产业体系、打造万亿级大健康产业集群的重大战略举措，而中医药康养旅游产业正是其中的一类重要产业。对于湖北省中医药康养旅游的研究正当其时，并且意义重大。

犹记得，2021 年的夏天，她不顾酷暑为了课题申报书六易其稿；2021年 9 月，获得省教育厅课题立项时的欣喜与感动；2021 年秋季学期，带学生奔波于省内中医药精品路线的调研访谈之中；2022 年春节期间，几乎没有休息就投入书稿的写作中。作为朋友，我见证了她写作这本书所付出的艰辛。

本书对湖北省中医药康养旅游的发展历程、现状和环境进行了详细梳理，对省内首批 8 条中医药康养旅游精品路线进行了深入调研和分析，对该省中医药康养旅游资源进行挖掘，提出了针对性的政策建议，并开创性地规划了多条中医药康养旅游新路线。这些研究在我所认知的范围内是极具创新意义的，相信对于省内外、国内外的读者同样具有启发借鉴作用。

感谢作者的信任，邀请我为她的首部书稿作序。如今在付梓之际，仔细翻阅厚厚的书稿，除了精彩的学术知识之外，我看到了她对中医药康养旅游产业热切关注背后的为人们排忧解难的情怀，看到了她"纸上得来终觉浅，绝知此事要躬行"的知行合一精神，也看到了她所研究的中医药康养旅游产业发展的巨大空间和美好未来。

天时地利人和，能玉成人之所愿。

是以为序！

李威

2022 年 6 月 6 日于北京

目录

第一章 绪论

第一节 研究背景与问题提出

中共中央、国务院于 2016 年印发了中国健康领域的首个中长期规划——《"健康中国 2030"规划纲要》，其中提出要全力推进健康中国建设，"共建共享、全民健康"是战略主题，全民健康是根本目的。该纲要的第九章中明确提出应从提高中医药服务能力、发展中医养生保健治未病服务和推进中医药继承创新方面着手，充分发挥中医药独特优势。党的十九大报告中将人民群众的健康放到了战略地位，提出了"实施健康中国战略"，认为人民的健康是立国之基。2022 年 4 月，为全面推进健康中国建设，国务院办公厅又最新印发了《"十四五"国民健康规划》，提出到 2025 年卫生健康体系更加完善，中国特色基本医疗卫生制度逐步健全，重大疫情和突发公共卫生事件防控应对能力显著提升，中医药独特优势进一步发挥，健康科技创新能力明显增强，人均预期寿命相比 2020 年基础上继续提高 1 岁左右，人均健康预期寿命同比例提高的发展目标。

尤其现今人们的生活已经恢复正常，国内旅游市场中的旅游需求已经发生了较大变化，全球民众对健康的重视程度显著提升。毋庸置疑，养生、健康类旅游已经成为民众的一种良好期待和美好追求，迎来了重大发展机遇。

2020 年 11 月，北京召开了"中医药高质量发展暨抗疫实践总结研讨会"，会上，全国政协常委赵家军呼吁：在传承的基础上把中医药发扬光大，在传承创新中实现高质量发展，强化中医药理论、继承和挖掘名中医和老中医的经验，发挥和利用好中医药在健康中国战略中的作用。湖北省区域范围内康养旅游资源集聚恰恰是国内重要的生态功能区。2018年，《关于促进中医药振兴发展的若干意见》（鄂政发〔2018〕23号）指出中医药大健康产业是湖北省经济重要支柱产业之一，应努力将湖北省建成中医药强省。湖北省中医药康养资源丰富并且特色鲜明，2018年5月，省旅游委在湖北中医药康养游推广活动的启动仪式上首次发布了8条中医药康养旅游线路，旨在推介湖北省丰富的中医药健康旅游资源，努力打造特色康养旅游品牌。在国家大力推行产业融合和发展体验经济的背景下，研究湖北中医药康养旅游高质量发展非常有必要，而且意义重大。

理论意义：本项目选择以发展中医药康养旅游具有显著资源优势和巨大潜力的湖北省作为研究对象，通过对湖北省中医药康养旅游的资源（尤其是独具特色的人文和自然资源）、市场以及开展旅游的可行性研究，挖掘区域内中医药康养旅游高质量发展的新思路，能够针对性地探索出中医药康养旅游高质量发展的路径与方法，也能为国内其他地区开展中医药康养旅游发展提供借鉴。

实践意义：湖北省中医药康养旅游高质量发展研究有利于湖北旅游的形式创新，深入挖掘和开发湖北中医药康养旅游资源，树立湖北旅游的新特色品牌，提升湖北旅游的知名度和整体竞争力，对提高湖北经济社会发展水平意义重大。

第二节　核心概念与文献综述

康养旅游可以理解为是在合理开发和利用自然生态、人文环境基础上，采用风光观赏、文体娱乐、身体检测、医药治疗、春赏花、夏避暑、秋赏月、冬泡泉等多种活动形式来达到放松身心、强身健体、延年益寿等积极效果。康养旅游具有很多超越传统旅游的优势，如游客停留时间长、旅游过程节奏慢、拉动消费能力强、易形成高重游率、能达到强身健体的功效等，是对传统旅游产业的提质升档。中医药康养旅游是极具中国特色的一种康养旅游形式，已经进入国家视野，国务院以及其他部委出台了一系列政策鼓励发展中医药康养旅游。目前，国内外对康养旅游的研究大致如下。

一、国外研究现状

国外对于康养旅游的研究开始得较早，早期研究焦点是水疗旅游，随着对健康旅游研究的深入，学者研究的重点转向医疗旅游、保健旅游等不同类型的康养旅游方面，以医疗护理、疾病与健康、康养与修养为研究主体，同时对健康旅游者的旅游动机、健康旅游目的地营销等有一定研究。

（1）医疗旅游方面。早期的医疗旅游从属于健康旅游，旅游业和医疗业的特征都能够得到体现。18世纪，欧洲上层社会逐渐流行医疗旅游，当时的温泉疗养就是医疗旅游最重要的一部分。到了19世纪，随着旅游人数的增加、医疗旅游服务逐渐下移，医疗旅游得以快速发展。就医疗旅游的概念研究而言，Goodrich（1993）认为医疗旅游是指利用独特的吸引力，结合医疗服务设施招徕旅游者的旅游活动。关于医疗旅游的影响因素方面，Heesup（2015）认为价格会影响人们进行医疗旅游的意愿，而价格合理的情况下医疗旅游的发展会更为快速；Saimita等（2014）指出医疗旅游发展水平的重要影响因素之一就是医疗服务水平。就医疗旅游的发展评价而言，国外学者从医疗旅游的可行性，以及经济、文化和社会效应等方面进行分析，如Annette等（2007）认为医疗旅游能够提升居民的就业率，推动旅游业繁荣发展，但医疗旅游业的发展也有消极的作用；Keckley等（2007）通过研究发现医疗旅游的发展会导致本国病人的流失，一定程度的病人外流将导致本国医疗从业人员面临失业的威胁。

（2）保健旅游、森林旅游和水疗旅游方面。西方国家对保健旅游最先做出定义，即以促进身心健康发展为目的的一种新型旅游形式，保健旅游有极强的依赖性，依托温泉、瑜伽、香料等资源才能得以发展。Goodrich（1987）对保健旅游做出界定，并初步探讨了保健旅游的发展和未来研究领域的建议。Anna G.A（2005）分析了保健旅游流行的原因，以及其在发展中存在的问题，并提出了解决策略，认为老龄化、人们生活方式的改变和旅游需求的变化等都是重要的原因，但是随着保健旅游市场的扩大，各种问题逐渐暴露出来，阻碍了保健旅游的进一步发展，同时强调了政府在解决问题中的重要作用。

关于森林旅游，日本森林旅游起步较早，其十分重视森林公园的建设；韩国主要通过打造自然休养林、组织森林浴等活动开展森林旅游；西欧各国和美国也十分热衷于参加森林旅游。自进入 21 世纪之后，森林浴、森林疗养等依托森林资源的活动在全球得到快速发展，并明显呈现出不断向森林康养演进的趋势。Konu（2015）就提出过借助虚拟产品推动森林康养产品的开发，并指出应该考虑到不同人种的需求，鼓励旅游者积极参与到森林康养产品的开发中来。Komppula 等（2017）在介绍芬兰森林保健旅游的基础上，进行了针对日本旅游市场的芬兰森林保健旅游产品和服务的设计。罗马时期出现了最早的水疗旅游，当时主要表现为温泉旅游，坐落于比利时南部的"斯巴"（SPA）就是可追溯到的较早的温泉旅游地。关于水浴疗养的研究，发展得较为成熟的是欧美地区的温泉旅游，因此有关水浴疗养旅游的研究主要集中在这些地区。水浴疗法经历了由传统到现代的转变，以前的水浴疗法主要采用按摩和泡温泉，现在则增加了冷水浴、冷热交替等方法。Selman C（2002）认为温热疗法由于能够促进血液循环，所以具备止痛的效果，热水浴在提高皮肤肌肉弹性的同时，会使人体肌肤的线条更美。

二、国内研究现状

（1）中医药康养旅游的相关研究。20 世纪 90 年代，中国开始了中医养生与旅游实践活动相结合的研究，研究内容侧重中医养生保健如何与旅游实践活动的结合。要焕年、曹月梅（1990）提出在旅游活动中向国外游客提供名医诊治、药膳、药诊及药浴等具体的疗养服务的建议，他们的研究重点体现在中医养生保健与旅游活动六要素中吃（餐厅）和娱（体验）方面的具体结合。吴登梅（2002）提出旅游养生的概念，认为可以通过参与旅游来调节心态和解郁强身，并提出旅游养生的理论指导应来源于中医基础理论，将旅游活动分为了 6 个类别——动游、静游、怒游、思游、悲游和险游。她认为旅游养生的作用有两个：一是对人体情绪的调节（养心、精神调养），二是对身体健康的调养（养身）。袁月梅（2010）则认为旅游属于高层次的养生，能够实现养生的养身、养心、养命、养德四个境界，这是对旅游活动养生作用更深层次的探讨。

核心概念及发展变化研究。中医药旅游的概念早于中医药康养旅游的概念提出。王景明、王景和于 2000 年提出中医药旅游的概念，他们认为中医药旅游是生态旅游的一个分支，把中医药旅游定义为一种探索性的、还没有被开发和享用的、融合了旅游与中医药的一种交融性的产业，其本身是对中医药产业的延伸和对旅游产业的扩展，以丰富的资源优势和特色民族传统文化为发展基础。刘德喜（2005）提出发展"中医疗养游"需要具备的 4 个基础条件：一是有能够吸引国内外游客的独特旅游资源；其次是这个独特的旅游资源必须有利于健康，与现代人的健康观念契合，拥有促进人体康复保健及慢性病康复等优点；三是要有中医医疗资源；四是它的发展要与目的地经济发展相匹配，纳入区域卫生规划，重点扶持发展。刘德喜还提出发展"中医疗养游"要根据区域的市场条件和资源环境来规划，把旅游与中医康复、疗养、培训相结合。他认为好的政策扶持、优质的资源、科学合理的规划方法对开展"中医疗养游"非常重要。田广增（2005）对中医药旅游下定义时，赞同中医药旅游属于新型的旅游方式，认为这是旅游发展到一定阶段的产物，其发展的根基是深厚的中医药文化内涵与特定的理论体系及内容，并指出它具有四大特征（一定的地域性、文化内涵的深刻性、医疗保健性、鲜明的时代性）。他给的定义明确了中医药旅游是一个独立的、新的旅游方式，有着其自身的特点，而不是隶属于其他旅游形式的。随后，张文菊、杨晓霞（2007）提出将中医药专项旅游归属于生态旅游分支之一的观点。她们认为中医药专项旅游不能归属于生态旅游，它只是与生态旅游有一些重叠的部分，中医药旅游是中医药业延伸与旅游业拓展的一种结合。项目组也认同这个观点，中医药旅游属于一种新型的旅游形式，是旅游和中医药结合的典范，有着其自身的发展特色。孙晓生、李亮（2012）对中医药文化养生旅游进行了界定，指出这是种专项旅游活动，并在细致解读了示范基地的构建标准之后，认为开展旅游活动时中医药养生资源、文化和服务三者缺一不可。

中医药旅游资源相关研究。张春丽（2009）认为中医药旅游资源可分为广义的与狭义的，前者包括运用中医养生理念，让旅游者体验到中医养生神奇功效的各种环境条件；后者则包含中医诊疗手段、中医恢复方法、药材及其养生方式等资源。从她对资源的分类中可以看出，她对中医药旅游资源的界定倾向中医药养生特色资源，注重让游客体验中医养生之术，但中医药养生方面涉及较少。孙晓生、李亮（2013）认为广东省中医药文化养生旅游资源应该涵盖以下三个类别：生态类（以中草药基地、自然景观为主）、人文类（与中医药文化养生相关的古迹、人物等）、体验类（中医药文化养生相关服务），凸显中医药文化养生特色，丰富内涵。中医药文化养生旅游是旅游中最具特色的形式之一，应该不断深挖其特色。

中医药旅游开发策略相关研究。田广增（2005）针对中医药旅游发展提出五大对策：提高认识、规范市场、提高人才素质、培育足够品牌、推出规范旅游线路。张春丽（2009）总结出目前杭州中医养生旅游的品牌优势及资源优势，指出了其中存在的问题，如旅行社发挥作用小、旅游产品少、专业人才匮乏等，并根据杭州当地情况为中医养生旅游的发展提出了相应的开发对策。习宗广（2010）总结出中医药旅游发展中存在开发模式单调、产品特色不鲜明；内容单一、主题不鲜明；体验类项目不足；购物时间长，容易导致游客产生抵触情绪；营销能力不足；市场定位重国内轻国际等问题。他还从发展观念、市场定位、内容形式、打造亮点、利用旅行社开拓客源、开展中医药会展旅游模式6个方面提出发展对策。杨磊（2011）指出中医药文化旅游在发展中存在理论研究滞后、市场监管不足、中医药产业现代化进程受阻三大具体问题，并指出需要有效、合理解决，以确保中医药文化旅游健康持续发展。虢剑波、冯进等（2012）提出了湖南省中医药文化旅游的发展路径，具体如下：加强宣传；培养人才；形成品牌；打造特色产业链；开发多种模式；等等。朱琳（2013）通过分析河南省西峡县发展中医养生旅游的资源优势，提出了该地中医养生旅游确立发展新思路、创新发展模式、培育成熟的养生旅游市场、完善产品体系、扩大社会支持与保障系统等具体开发策略。阚丽娜、刘卫红等（2013）总结了近几年中山市中医院在开展中医药文化养生旅游上取得的成就与存在的问题，提出政府支持、创建品牌、与周边景区合作形成旅游产业链、开发地方特色旅游产品、重视中医药文化旅游专业人才培养等发展策略。张晓莹、李晓明等（2014）总结了黑龙江中医药养生旅游开发中存在的问题，提出了政府引导，整体规划，形成集约型产业链；合理开发中医药养生旅游项目（包括度假村项目、养生观光项目、养生体验项目、美容养生项目、药膳养生项目等）的具体开发策略。

中医药康养旅游发展情况。近些年，很多省份和地区都陆续开展了中医药康养旅游。2018年5月28日，在黄冈市蕲春县隆重举办了湖北中医药康养游暨李时珍蕲艾文化游推广活动，首次发布了8条省内的中医药康养旅游线路，即蕲春李时珍故里中医药文化游、武当山道家养生文化游、神农架神农中草药文化游、武汉叶开泰·健民中医药文化游、宜昌夷陵·大老岭中草药养生游、恩施硒都养生游、荆门钟祥长寿之乡游和黄梅禅修养生文化游。除湖北省外，有代表性的重大举措还有安徽亳州（2009）打造的"中华药都，养生圣地，温泉之城，长寿之乡"；"御医第一县"的安徽祁口（2010）推出的特色中医文化旅游；甘肃省（2011）六部委联手共同打造中医养生旅游产业；北京市在 2014 年 8 月推介出了 7 条中医养生文化精品线路等。中医药康养旅游实践活动的开展离不开相关的理论指导，只有不断推进理论创新，才能更好地促进中医药康养旅游的可持续发展。

（2）旅游高质量发展研究。党的十九大报告明确指出，"我国经济已由高速增长阶段转向高质量发展阶段，正处在转变发展方式、优化经济结构、转换增长动力的攻关期"。关于高质量发展，刘志彪（2018）指出，进入高质量发展阶段，需要构建包括发展战略转型、现代产业体系建设、市场体系深化、分配结构调整、空间布局结构优化、生态环境的补偿机制以及基于内需的全球化经济等在内的支撑要素。任保平（2018）提出，高质量发展是基于新发展理念的经济发展质量状态，其中创新是高质量发展的第一动力，协调是其内生特点，绿色是其普遍形态，开放是高质量发展的必经之路，共享则是其发展的根本目标。

高质量发展在各产业领域中有其具体的含义。在旅游产业高质量发展方面，何建民（2018）在参照联合国世界旅游组织质量支持委员会对旅游产品质量定义的基础上，提出中国旅游业高质量发展系统是旅游活动利益相关者及其追寻的各自利益与资源、社会人文环境和自然环境之间相和谐的合法（合理）的各种要素相互作用的综合体。夏杰长（2018）立足旅游供给侧结构改革，从开拓创新、供给要素整合、完善制度和注入新旅游元素等方面提出了旅游高质量发展的途径，指出实现现代旅游强国的唯一路径就是高质量发展。杨宏（2018）以青岛市为研究地，基于推动旅游产品从观光型走向深度体验型、推动旅游服务从人工型走向智能型、驱动景区旅游向全域旅游转变等方面，提出了该市旅游高质量发展的策略。综上所述，国内学者对旅游高质量发展的判断标准更倾向于旅游业的创新性、协调性、可持续性、共享性和稳定性。

三、研究评述

当前，广大民众对健康的关注达到了新高度，大健康产业已经成为极具前景的产业。随着大健康产业的发展，产业不断细分，大健康产业与旅游两大产业的合作发展成为新兴领域，越来越多的旅游活动的主题定位在健康上，出现了不同类型的健康旅游综合体。中医药的理念与旅游者追求健康、"返璞归真"和"绿色消费"的诉求十分契合，中医药康养旅游成为这种趋势下独具特色的产品与投资方向。对现有研究材料进行梳理，主要包含以下几方面内容：

（1）中医药康养旅游产品特色鲜明，市场需求旺盛。中医药已成为中国旅游消费行为中的新兴和特色项目。旅游已经成为居民调整生活节奏、开阔视野、增进健康等的一种生活方式。另外，中医药注重对人体进行调节，在预防保健方面功效突出，与新形势下旅游发展中的休闲理念相契合，因人们对健康的追求而备受欢迎。国家也积极推动中医药康养旅游的发展，出台了系列政策支持和鼓励相关产业发展，康养旅游基地和健康小镇建设也在如火如荼地推进。

（2）现有研究对国内中医药康养产业的潜力估计不足。对消费者进行研究是产品开发和营销策略制定的基础。中医药植根于中国传统文化中，考虑到共同的文化背景和对本国传统文化的熟悉度、认同感，国内旅游者应该更易于接受中国传统医药产品和相关服务。现有研究当中多以如何推动中医药走出去，吸引外籍消费者体验中医药为主，忽略了同根同源的中华民族对中医药的认可，鲜有研究是针对国内市场展开的。

（3）对中医药康养旅游产业缺乏系统研究，尤其缺少深入的实证研究。目前，中国中医药旅游的产品研究已经进入相关专家和学者的视野，产业发展迅速，进一步推动了产品的研究。但现存研究主要是从简单的开发策略的角度展开，以较为宽泛的理论和思辨研究为主，缺少对康养旅游产业具体要素的调查研究，也缺乏具有实际指导意义的研究成果。

综上，现在的研究成果远不能满足中医药康养旅游产业蓬勃发展的需要，亟须对中医药康养旅游资源进行系统梳理，开发丰富且可以深度体验的康养旅游产品，满足广大消费者在旅游选择上的需求，从而引领大众的健康旅游观念变化，促进旅游业产业和中医药产业的共同积极发展，促进旅游业与健康服务业进一步融合，使高质量的中医药康养旅游真正成为新时代人民群众喜闻乐见的旅游生活方式。

第三节 研究内容与研究思路

一、研究 1：分析中医药康养旅游高质量发展利好资源

挖掘湖北中医药康养旅游的深层次问题及其内在矛盾，试图回答什么才是高质量发展的中医药康养旅游，哪些因素是影响中医药康养旅游高质量发展的关键指标。为此，通过对湖北省中医药康养旅游发展现状与问题的反思，在市场现有线路产品的基础上，深入挖掘省内的中医药康养旅游资源，探索出更多具有发展潜力的高质量旅游线路。

二、研究 2：分析湖北省中医药康养旅游发展的现状与存在的问题

在前期对中医药康养旅游进行梳理的基础上，通过实地调研、面对面访谈和调查问卷的形式，从多方面、多角度明晰湖北中医药康养旅游发展现状与问题。例如，通过实地调查了解民众对中医药康养旅游产品的认知与态度，获取消费者对中医药康养旅游的认知程度、对各类产品的选择倾向、对中医药康养旅游的参与意愿、对中医药康养旅游线路的态度与需求等情况。在完成相应调查后，对湖北中医药康养旅游发展的市场前景进行判断，进而为湖北中医药康养旅游高质量发展提供更多的线路产品。

三、研究 3：提出湖北中医药康养旅游高质量发展的路径和建议

基于以上调查和研究结果，针对人们恢复正常生活之后，旅游者对健康旅游需求强度的增加和出行要求的变化，初步提出三条高质量发展路径，即中心发展、互动发展和宏观发展。中心发展是指产品多样融合，产业链优化升级；互动发展是指要素互动融合，弥补发展劣势；宏观发展是指景区协作，产业共融，打造健康旅游产业集群。还可以提出一些针对性建议，如加强中草药管理部门和旅游管理部门的深层次联动，完善行业标准；促进中草药与旅游深度融合，打造中草药养生旅游特色；支持生物医药企业精准引才；注

重宣传推介，提升景区知名度和影响力，打造养生旅游品牌等等。

四、研究4：为湖北省规划一批新的中医药康养旅游路线

为达到中医药康养旅游在省内遍地开花的效果，基于湖北省内各市和各地现有的中医药康养旅游资源，在现存中医药康养旅游线路的基础上，依托目的地的优势资源，按照旅游规划的要素特征和设计规范，设计10条新的中医药康养旅游路线。

第二章　理论框架与研究设计 —————————

第一节　理论框架

一、产业融合理论

产业融合理论来源于数字技术出现后而产生的产业之间的交叠。麻省理工学院的媒体实验室是尼古拉斯·尼葛洛庞帝在20世纪80年代创立的，用三个重叠的圆圈来确定计算机、印刷、广播三者之间的技术边界，并且认为圆圈间的交叉处将变成发展最快和创新最多的领域。厉无畏（2003）精准定义了产业融合，指出产业融合是由于资源、市场、技术等各种要素的渗透、交叉，而后又进行重组，使原先各自独立的产业逐渐融合，形成新产业的动态过程。其类型主要有三种分类方法，按照市场的供需来分，可分为需求融合和供给融合；按照技术分类，可分为替代性融合与互补性融合；按融合程度和市场效果分类，可以分为完全融合、部分融合与虚假融合。产业融合是一个缓慢且处于不断变化的过程，它主要的演进方式有三大种类：高新技术的渗透融合、产业间的延伸融合和产业内部的重组融合。它能够产生多重效应：创新性优化效应、竞争性结构效应、组织性结构效应、竞争性能力效应、消费性能力效应和区域效应等。对于中医药和旅游两大产业融合而成的中医药康养旅游而言，产业融合理论中有关产业融合的类型、方式、效益等方面的分析能对其起到指导作用，从而推动中医药康养旅游的高质量发展。

二、体验经济理论

未来学家阿尔文·托夫勒（Alvin Toffler）早在1970年就提出："来自消费者的压力和希望经济继续上升的人的压力将推动技术社会朝着未来体验生产的方向发展。""服务业最终会超过制造业，体验生产又会超过服务业。""某些行业的革命会扩展，使得它们的独家产品不是粗制滥造的商品，甚至也不是一般性的服务，而是预先安排好了的'体验'。体验工业可能成为超工业化的支柱之一，甚至成为继服务业之后的经济的基础。当人类进入未来社会，体验就越来越多地按其本身的价值出售，就好像它们也是物品一样。"体验经济是对服务经济的延展，是在农业、工业和服务经济之后的第四种经济类型，聚焦消费者的感受性满足，关注消费行为发生过程中顾客的心理体验。这种经济的特点通常表现为非生产性、短周期性、互动性、不可替代性、价值增长性和体验经济的发展性。处于体验经济时代的旅游者的思想正在发生改变，他们越发追求个性化的产品，希望亲身参与的意识越发强烈，更渴望自己是表演者和运动员，而不是普通的旁观者。从这一层面看，作为人们了解、体验中医药文化的凭借，中医药康养旅游融合体验经济理论有助于探索该产业高质量发展的方式方法。

三、高质量发展理论

高质量发展是在2017年召开的中国共产党第十九次全国代表大会上首次提出的新表述，说明我国的经济由高速增长转向了高质量发展。党的十九大报告中提出的"建立健全绿色低碳循环发展的经济体系"为新时代的高质量发展指明了方向，同时也提出了一个极其重要的高价值的时代课题。

2021年是"两个一百年"奋斗目标历史交汇之年。在此特殊时期的中华人民共和国全国人民代表大会和中国人民政治协商会议中，习近平总书记多次强调了"高质量发展"的重要意义。同年3月5日，国务院总理李克强在政府工作报告中将2021年经济增速预期目标设定为6%以上，考虑了经济运行恢复状况，有利于引导各方向集中精力推进改革创新、推动高质量发展。

"十三五"期间，在习近平新时代中国特色社会主义思想的正确指引下，中国的经济加快了从速度规模型向质量效益型的转变，城镇化和区域协调发展、高质量发展体制机制建设等多方面都取得了显著成效，为我国发展提供了新动力，扩展了新空间，有力推进了我国的发展朝着更加高质量、有效率、公平、可持续和更加安全的方向前进。

第二节　研究设计

本研究的研究焦点、研究方法、技术手段主要设计如表 2-1 所示：

表 2-1　研究思路与方法

研究焦点	研究方法	技术手段
研究 1：研究湖北省中医药康养旅游发展现状	文献研究法	搜集、整理国内外中医药旅游与康养旅游相关文献，为论文研究框架奠定基础；收集并整理好湖北的中医药康养旅游资源和相关旅游景区的数据资料，对湖北省中医药康养旅游发展现状进行准确判断
	文本分析法	对湖北省中医药康养旅游发展相关的政策与规划文本进行分析，分析湖北省发展中医药康养旅游的前景和空间
研究 2：分析湖北中医药康养旅游发展中存在的问题	案例研究法	以湖北省首批 8 条中医药康养旅游路线为典型案例，分析总结其发展的现状与问题，并针对每一条线路提出相应的改善建议
	田野调查法	对湖北省首批 8 条中医药康养旅游路线进行实地考察调研，针对问题提出每一条旅游路线高质量发展的对策
研究 3：提出湖北中医药康养旅游高质量发展的路径和建议	思辨研究法	基于调查研究结论，通过思辨分析，提出湖北中医药康养旅游发展的路径，并对政府、旅游企业、社会和游客提出有针对性的建议
研究 4：为湖北省规划一批新的中医药康养旅游路线		基于湖北省各地市的中医药康养旅游资源，按照旅游规划的要素特征和设计规范，设计 10 条新的中医药康养旅游路线

第三节 研究方法

第一，理论分析与调查研究相结合。运用产业融合理论与体验经济理论，明晰中医药与康养旅游之间的契合点，在系统调研基础上，对湖北省中医养康养旅游资源进行整理，对湖北省中医药康养旅游现状进行研究，分析高质量发展中存在的问题，并针对性地提出可行性建议。

第二，定性分析与定量分析相结合。通过定性分析来界定基础概念和内涵，制定中医药康养旅游高质量发展的观测体系；应用描述性统计分析等定量分析方法确定影响湖北中医药康养旅游高质量发展的因素。

第三，面上分析和个案研究相结合。除对湖北中医药康养旅游的整体情况进行横截面分析外，还对首批 8 条精品旅游路线所在的县市进行深入的个案研究。两者综合，明晰目的地中医药康养旅游发展的有效路径，并尽可能地从各个角度提出针对性建议。

第三章　湖北省中医药康养旅游现状研究

近些年，国家高度重视中医药的振兴和发展，颁布了《中华人民共和国中医药法》《中医药发展战略规划纲要（2016—2030年）》《"十四五"中医药发展规划》《推进中医药高质量融入共建"一带一路"发展规划（2021—2025年）》等一系列法律法规和政策文件，强调坚持创新驱动发展，优化旅游空间布局，构建科学保护利用体系，完善旅游产品供给体系，拓展大众旅游消费体系，建立现代旅游治理体系，完善旅游开放合作体系，健全旅游综合保障体系，可以看出国家已经将发展中医药提升到了战略层面。《"健康中国2030"规划纲要》中提到要"充分发挥中医药独特优势"，并且"到2030年，中医药在治未病中的主导作用、在重大疾病治疗中的协同作用、在疾病康复中的核心作用得到充分发挥"。

第一节　背景与需求

2020年以来，康养旅游产品作为新兴旅游产品，受到越来越多国人的追捧。这是社会发展的必然结果，也是后疫情时代的大势所趋。中华人民共和国旅游局于2016年1月正式发布了《国家康养旅游示范基地》行业标准，将康养旅游确立为新的旅游方式，并将其纳入我国旅游发展战略，康养旅游便进入了规范化发展的道路。就支持养老服务产业和健康、养生、旅游、文化等产业共同融合发展方面，国务院与省政府关于推进健康服务业发展的意见明晰，要求积极发展多类型健康服务，鼓励各地有效整合生态资源、休闲旅游资源、医疗服务资源与健康服务资源等，促进养生、健康、康复、体育和医疗健康旅游的发展。国务院关于促进旅游改革发展与推进旅游投资和消费的相关文件明确提出，大力发展老年旅游，进一步支持乡村养老旅游项目，着力推动乡村养老旅游发展。

湖北省是全国重要生态功能区。省政府有关促进旅游业改革发展实施意见与关于促进全域旅游发展实施意见也明确指出要大力发展老年旅游，特别是发展中医药康养、康复疗养、健康养老和休闲养生等康养旅游形式，引导各种类型的景区强化老年旅游服务设施建设等。

湖北具有丰美的自然禀赋和悠久的历史文化。近些年来本省的文化和旅游不断进行融合发展，让更多的游客在鄂通过旅游感受到了自然之美、生活之美、文化之美。2020 年，湖北省已实现由旅游输出地向目的地的跨越式转变，当年共接待游客 43 729.64 万人次，实现旅游总收入 4 379.49 亿元，均高于全国 20 个百分点，可谓成绩不菲。2021 年，湖北省旅游业持续保持稳中向好发展态势，当年国庆假期全省共接待游客 6 377.4 万人次，实现旅游综合收入 352.7 亿元，均超出了 2019 年同期水平，创造出历史新高。

截至 2020 年底，湖北省 60 岁以上老龄人口数量已经达到了 1 179.5 万（图 3-1），占常住人口比重为 20.42%，相较于全国水平（18.70%）高出了 1.72 个百分点。湖北省老龄化程度不断提升的原因主要如下：一是 20 世纪 50 年代的生育高峰效应显现。20 世纪 50 年代第一次生育高峰期出生的人口近 10 年来陆续进入老年行列，所以老龄人口呈现出较快速度增长的态势，老年人口规模增大。二是人均寿命的延长。随着湖北省经济社会发展稳步向前，居民的生活水平不断改善，医疗保障措施逐步提高，该省人均预期寿命不断拉长，老年人口总数逐步增加。

2018 年，湖北省城镇老年人口外出比率占 85.6%，说明来自全省的中医药康养旅游客源市场还未饱和，具有一定的市场需求优势。加之，受新冠肺炎疫情的影响，省内旅游者对中医药康养旅游的喜爱程度不断增加，尤其是一些具有较强支付能力的退休老人，他们懂得享受生活，清楚健康和保健的重要性，并且这类人群中的大多数曾在乡村地区生活过，对乡村田园生活十分怀念，从而使他们成为乡村康养旅游的重要市场。另外，中医药康养旅游资源与其他旅游资源相比，在旅游重复性上更具竞争力，能实现多次的、长时间的满足游客的各项健康需求，这也是推动未来老年人口更偏向选择中医药康养这一养老新形式的原因。

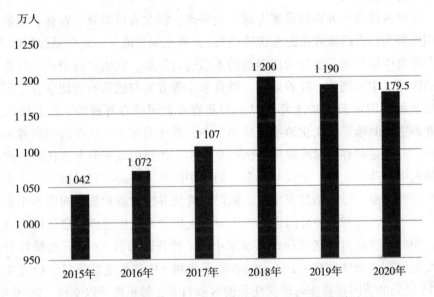

图 3-1　湖北省 2015—2020 年 60 岁以上人口数量统计图

第二节　湖北省中医药康养旅游发展现状

湖北是自然和人文资源富集程度较高的省份。中医药康养文化历史悠久，省内大面积的山区、林地和湿地等资源为发展生态康养游提供了环境保障，可以说湖北省是中国康养旅游资源最为丰富的地区之一。湖北省委、省政府十分重视中医药发展工作。近年来，陆续颁布了《关于全面推进中医药发展的实施意见》《湖北省中医药健康服务"十三五"发展规划》和《湖北省中药材保护和发展实施方案（2016—2020 年）》等系列文件。

一、康养市场

2020年，湖北省常住人口5 775.26万人，60岁及以上人口数量为1 179.50万，占总数的20.42%（其中65岁及以上人口为842.43万人，占到了14.59%）。就武汉市来看，60岁及以上人口达到2124317人，占17.23%，65岁以上人口达到1 456 172人，占11.81%，潜在消费群体大，消费实力不断提高。

在推进健康乐养市场发展方面，近年来，湖北省以温泉、森林、避暑、休闲度假为代表的康养旅游业快速成长，并在全国形成了一定的品牌影响力。湖北省将中医药康养游作为康养游的重点进行发展，突出中医中药、针灸、气功医疗、中医理疗、疗养康复、膳食养生等方面与旅游的密切融合，不断形成新的旅游业态。2018年5月，湖北省在黄冈蕲春开展的"湖北中医药康养游暨李时珍蕲艾文化游推广活动"中，首次发布了8条中医药康养旅游线路，分别是蕲春李时珍故里中医药文化游、武当山道家养生文化游、神农架神农中草药文化游、武汉叶开泰·健民中医药文化游、宜昌夷陵·大老岭中草药养生游、恩施硒都养生游、荆门钟祥长寿之乡游和黄梅禅修养生文化游。近年来，省直有关部门也加大了对重大康养文化旅游项目建设的支持力度，如对投资超过5亿元的孝感卓尔小镇·桃花驿项目、6亿元的钟祥莫愁村文化旅游综合体项目、2亿元的孝感天紫湖·中华敬老院项目、已完成投资15亿元的黄冈蕲春李时珍文化旅游区项目等，都积极予以支持。2019年，湖北省文化和旅游厅推荐的重大项目中包括孝感的卓尔小镇·桃花驿、恩施的龙马风情小镇、咸宁的赤壁花亭茶溪休闲运动度假区和白水畈田园综合体、宜昌的百里荒生态康养示范基地、武汉的光谷罗曼田园、蕲春的李时珍文化旅游区、十堰的子胥湖生态新区养老康养产业、花田酒溪·神农谷国际生态康养中心等。

二、康养资源

湖北全省共有医疗卫生服务机构36 000多家，实有床位数近40万张，卫生计生从业人员总数51万人，其中执业（助理）医师14.75万人。省内中医药文化底蕴深厚，这里有炎帝神农和明代著名医药学家李时珍的故乡；湖北省共有中药材资源4 457种，国家地理标志产品43个，2020年全省中药材种植面积 3 300 平方千米，总产量 70 万吨，居全国前列；旅游康养资源丰富，全省有 5A 景区 12 家、4A 景区 101 家。大健康产业涉及的 13 个大类、58 个中类、92 个小类产业领域在湖北省均有布局，且产业种类齐全、产业链完备。

三、康养旅游产业

湖北全省旅游产品初步形成了"四大旅游板块"。一是以武汉为中心的都市旅游主题板块，南北联动咸宁和孝感；二是以宜昌为中心的湖北西部生态旅游主题板块，纵向连接恩施、神农架和十堰三地；三是黄冈、黄石、鄂州区域组成的鄂东人文旅游主题板块；四是以襄阳为中心的湖北中部文化旅游主题板块，范围包括荆州、荆门、随州以及仙桃、潜江、天门三个省直管县级市。

另外，湖北省已初步形成了几大康养旅游集中片区，如位于武汉城市圈东部和南部的温泉康养旅游区，大别山、武陵山和神农架的避暑康养旅游。湖北的康养旅游品牌也逐步在国内获得越来越重要的关注，如武当道家养生旅游和恩施的补硒养生旅游等，在海内外的知名度逐渐提高；蕲春积极做大李时珍品牌，推进中医药健康产业与旅游养生业融合发展，蕲春康养游接待人数、旅游综合收入年增速均在 25% 以上。

目前，湖北省中医药康养旅游形式多样，主要类型如下：①养生型（如泡温泉食药膳、泡药酒、针灸、保健运动等）；②观赏型（如参观中草药植物园、博物馆等）；③购物型（如购买一些有必要的名贵中药材、医药器具及特色旅游产品等）；④修学型（如学习中医药治疗原理和用药方法等）。

四、康养城市

2020 年，国务院办公厅印发了《关于新时代推进西部大开发形成新格局的指导意见》，要求依托风景名胜区、边境旅游试验区等，加大旅游休闲、健康养生等服务业的发展，打造区域重要支柱产业。康养产业被党中央、国务院定位为区域重要支柱产业，康养产业已经逐渐变成了各地区经济转型发展的重要方向。促进康养产业的发展，建设康养城市成为经济转型发展的热点之一。如何发展康养城市成为行业研究的重点课题。以研究促进康养城市的建设和发展也是一种重要的手段和方法。

康养城市是指将"健康"作为特定城市发展的出发点、归宿点，将康养产业作为核心，把健康、养生、疗养、体育、保健、休闲、旅游等多个产业融合发展，形成的生态环境良好、健康宜居、相关产业充分发展的特色城市。

2021 年 12 月 30 日，2021 中国康养城市（县域）研究成果发布会在北京举行。作为第三方评估机构的标准排名城市研究院发布了 2021 中国康养城市排行榜 50 强和 2021 中国康养县域发展潜力 100 强。其结果对于本研究而言是一个有力的参考。

康养城市指标体系（图 3-2）是在"养老城市指标体系"的基础上升级完成的，由中国科学院、国家林业与草原局、中国老龄科学研究中心、北京林业大学等单位的专家参与研究和编制，数据主要来源于国家统计局、各部委、各地方政府统计公报和中国城市统计年鉴等权威数据。此评价体系主要有 5 个一级指标、19 个二级指标和 32 个三级指标。其中所指的 5 个一级指标分别是生态环境、医疗水平、产业融合、民生幸福和康养政策。

——美好城市系列榜单

2021年中国康养城市排行榜50强——评价体系

一级指标体系	二级指标体系	三级指标体系
生态环境（35%）	空气指数70%	空气质量指数
	绿化指数10%	建成区绿化覆盖率
	温度指数10%	适宜温度
	水源指数10%	水资源量/行政面积
医疗水平（15%）	人均医院数量25%	医院数量/人口
	医院总数量10%	医院数量/最大值
	人均医护人员数25%	医疗人员/人口
	医护人员总数量10%	医疗人员/最大值
	人均床位数目20%	床位数/人口
	床位总数目10%	床位数/医院数
产业融合（15%）	教育40%	教育支出/人口50%
		教育支出/最大值50%
	旅游30%	旅游收入/最大值50%
		旅游业收入/GDP50%
	科技30%	科学技术支出/人50%
		科学支出/最大值50%
民生幸福（20%）	消费居住70%	房价收入比60%
		人均居住用地面积40%
	交通便利15%	城市道路面积/最大值20%
		城市道路面积/建成区面积15%
		邮局数/最大值20%
		邮局数/建成区面积10%
		公共汽车量/城市道路面积15%
		公共汽车量/最大值20%
	生活保障15%	养老保险参保率35%
		医疗保险参保率35%
		失业保险参保率30%
康养政策（15%）	基础建设30%	公共财政支出/人数50%
		公共财政支出/最大值50%
	城市维护20%	城市维护建设资金支出/建成区面积50%
		城市维护建设资金支出/最大值50%
	康养规划50%	康养规划指数

数据来源：国家统计局、各省市统计局、统计年鉴、政府公报以及生态环境部、农业农村部、国家林草局、自然资源部、国家气象局、民航局等部门和第三方数据统计机构及中城标大数据研究院等。
研究机构：标准排名城市研究院、中健联康养研究院、国域发(北京)县域经济发展信息中心

图3-2　2021年中国康养城市排行榜指标体系

由图 3-3 可以看到，湖北省的武汉市（24 名）、宜昌市（27 名）、咸宁市（47 名）三地跻身 50 强主榜单。

标准排名 城市研究院 ——美好城市系列榜单

2021年中国康养城市排行榜50强——全名单

名次	城市	康养指数	所属地区	名次	城市	康养指数	所属地区
1	海口市	100.0000	海南	26	天津市	87.9969	天津
2	三亚市	98.9008	海南	27	宜昌市	87.7507	湖北
3	广州市	98.5263	广东	28	合肥市	87.5377	安徽
4	深圳市	96.9144	广东	29	上海市	87.1628	上海
5	雅安市	96.9102	四川	30	东莞市	87.1420	广东
6	杭州市	96.7769	浙江	31	烟台市	87.1341	山东
7	福州市	96.6082	福建	32	南昌市	86.8800	江西
8	昆明市	95.5766	云南	33	威海市	86.6049	山东
9	贵阳市	95.2839	贵州	34	无锡市	86.5484	江苏
10	长沙市	95.2474	湖南	35	丽江市	86.3513	云南
11	南京市	94.9302	江苏	36	厦门市	86.2157	福建
12	重庆市	94.8978	重庆	37	惠州市	85.8372	广东
13	成都市	94.4326	四川	38	遵义市	85.3144	贵州
14	青岛市	94.4238	山东	39	北京市	84.7729	北京
15	攀枝花市	92.6203	四川	40	湖州市	83.8612	浙江
16	黄山市	91.8026	安徽	41	北海市	83.7064	广西
17	珠海市	91.5605	广东	42	安康市	83.6297	陕西
18	漳州市	90.0062	福建	43	张家界市	83.4433	湖南
19	舟山市	89.9860	浙江	44	大理市	80.9964	云南
20	秦皇岛市	89.7891	河北	45	六盘水市	80.8894	贵州
21	佛山市	89.5092	广东	46	景德镇市	80.5775	江西
22	苏州市	89.3093	江苏	47	咸宁市	80.5069	湖北
23	南宁市	88.8418	广西	48	亳州市	80.2296	安徽
24	武汉市	88.5971	湖北	49	衢州市	79.8378	浙江
25	宁波市	88.2657	浙江	50	上饶市	78.4875	江西

数据来源：国家统计局、各省市统计局、统计年鉴、政府公报以及生态环境部、农业农村部、国家林草局、自然资源部、国家气象局、民航局等部门和第三方数据统计机构及中城标排大数据研究院等。
研究机构：标准排名城市研究院、中健联康养研究院、国域发(北京)县域经济发展信息中心

图 3-3　2021 年中国康养城市排行榜 50 强全名单

图 3-4 为 2021 年中国康养旅游城市排行榜 50 强——子榜前 15，其中的各项排名信息如下：

2021年中国康养城市排行榜50强——子榜前15

——美好城市系列榜单

生态环境		医疗资源		产业融合	
昆明市	100.0000	北京市	100.0000	三亚市	100.0000
海口市	98.2968	上海市	97.6456	海口市	98.3545
福州市	97.4091	广州市	96.0480	深圳市	92.3381
黄山市	96.2979	武汉市	95.1169	雅安市	90.2160
舟山市	96.1532	天津市	95.0767	攀枝花市	89.5607
丽江市	96.0766	西安市	93.4203	广州市	88.9149
厦门市	96.0379	成都市	92.5933	珠海市	88.4633
贵阳市	95.7246	重庆市	92.0040	重庆市	87.7173
丽水市	94.9926	杭州市	91.6215	秦皇岛市	87.7055
惠州市	94.5566	沈阳市	91.5940	黄山市	87.5845
肇庆市	94.0367	南京市	91.1719	贵阳市	86.9653
大理市	93.3751	长沙市	90.7648	昆明市	86.9091
雅安市	92.8856	深圳市	89.9661	长沙市	86.6986
南宁市	92.6517	青岛市	89.3529	福州市	85.9769
衢州市	91.8050	合肥市	88.8529	杭州市	85.7033
民生幸福		康养政策		康养指数	
杭州市	100.0000	雅安市	100.0000	海口市	100.0000
成都市	96.3213	三亚市	97.6490	三亚市	98.9008
广州市	95.5101	海口市	97.4960	广州市	98.5263
长沙市	95.3778	攀枝花市	94.6649	深圳市	96.9144
宁波市	94.3747	秦皇岛市	94.4518	雅安市	96.9102
南京市	92.2838	漳州市	93.9281	杭州市	96.7769
苏州市	92.2681	舟山市	91.1360	福州市	96.6082
郑州市	91.8556	宜昌市	89.6975	昆明市	95.5766
无锡市	91.7397	黄山市	88.9652	贵阳市	95.2839
福州市	91.2312	青岛市	88.8852	长沙市	95.2474
珠海市	90.2336	北海市	88.6328	南京市	94.9302
深圳市	89.9798	烟台市	88.4471	重庆市	94.8978
青岛市	89.6214	遵义市	87.9904	成都市	94.4326
海口市	89.5577	贵阳市	87.9613	青岛市	94.4238
佛山市	89.2746	昆明市	87.7145	攀枝花市	92.6203

数据来源：国家统计局、各省市统计局、统计年鉴、政府公报以及生态环境部、农业农村部、国家林草局、自然资源部、国家气象局、民航局等部门和第三方数据统计机构及中城标排大数据研究院等
研究机构：标准排名城市研究院、中健联康养研究院、国城发（北京）县域经济发展信息中心

图 3-4 2021 年中国康养旅游城市排行榜 50 强——子榜前 15

生态环境指数的权重占35%，包含的二级指标有空气质量、适宜温度、绿化覆盖和水资源量等。此单项排名前15名的城市为昆明市、海口市、福州市、黄山市、舟山市、丽江市、厦门市、贵阳市、丽水市、惠州市、肇庆市、大理市、雅安市、南宁市、衢州市。湖北省没有城市进入前15名。

医疗资源指数的权重占15%，包含的二级指标有医院数量以及三级医院的人口占比、医护人员数量、医疗床位数量等。此单项排名前15的城市是北京市、上海市、广州市、武汉市、天津市、西安市、成都市、重庆市、杭州市、沈阳市、南京市、长沙市、深圳市、青岛市、合肥市。湖北省武汉市排名第4，说明医疗资源较好。

产业融合指数的权重占15%，包括的二级指标有旅游产业数据、教育事业数据和产业创新数据等。此单项排名前15的城市为三亚市、海口市、深圳市、雅安市、攀枝花市、广州市、珠海市、重庆市、秦皇岛市、黄山市、贵阳市、昆明市、长沙市、福州市、杭州市。湖北省没有城市进入前15名。

民生幸福指数的权重占20%，包含的二级指标有消费居住、交通便捷度、社会保障等。此单项排名前15名的城市包括杭州市、成都市、广州市、长沙市、宁波市、南京市、苏州市、郑州市、无锡市、福州市、珠海市、深圳市、青岛市、海口市、佛山市。湖北省没有城市进入前15名。

康养政策指数的权重占15%，包含的二级指标有基础建设、城市维护和康养规划等。此单项排名前15的城市为雅安市、三亚市、海口市、攀枝花市、秦皇岛市、漳州市、舟山市、宜昌市、黄山市、青岛市、北海市、烟台市、遵义市、贵阳市、昆明市。湖北省仅有宜昌市进入前15名，排名第8。

总体而言，随着人们生活水平的提高，对旅游标准的要求也在不断提高，单一的游玩已不能满足大众的需求，健康养生旅游备受瞩目。而湖北省这次上榜的全国康养旅游50强榜仅有3个城市，在子榜单里表现也不尽如人意。这与湖北省康养旅游资源丰富的现状是不对称的，说明其在康养城市建设方面还有待进一步提升。

第三节　湖北省中医药康养旅游线路设计现状

目前，国内多个省份和城市都在结合本土的中医药康养旅游资源，规划和发展自己的中医药康养旅游路线，做强做大相关旅游产业。这些都为湖北中医药康养旅游路线的设计提供了借鉴和有益启示。

一、省外中医药康养旅游线路设计参考

（一）北京

2022 年 2 月 19 日，北京市中医管理局、北京市文化和旅游局联合推出5 条北京中医药健康旅游精品线路。5 条线路涵盖了宫廷医药文化展示、药膳品尝、中医养生保健、中药温泉养生等体验内容，涉及博物馆、公园，也有医院、老药铺和旅游景点。

据北京市文化和旅游局介绍，北京历史悠久，既汇聚了从元朝开始，跨越明清两朝的皇家养生文化、宫廷茶饮膳食、中医药百年老字号、各类特色医馆、博物馆等，又荟萃了中医药文化与现代科技结合最顶级的技术和产品。按照中国传统说法，进入雨水时节，天气开始回暖，万物复苏，雪渐少，雨渐多，人的身体需要保肝补气，治疗春困，多到室外活动，呼吸新鲜空气。所以，推出的 5 条中医药健康旅游精品线路就是希望引导市民和游客在旅游中感受中国博大精深的中医药文化和学习健康养生知识，同时多去户外踏青游走，保持身体健康。

5 条中医药健康旅游精品线路的具体内容如下：

1. 线路 1：故宫御医药馆—地坛中医药养生文化园—听鹂馆—西苑医院

线路名称：皇家康养有方圆：宫廷医学文化的古与今

线路亮点：探秘"宫廷医学"，体验皇家康养之法，解密那些宫廷影视剧中的太医形象。看看虎撑是什么，一览医学文化的古与今。

宜：带孩子一起。

2. 线路2：广誉远中医药文化博物馆—同仁堂大栅栏老药铺—鼓楼中医医院京城名医馆

线路名称：聚广德 济天下：京城里的名医文化

线路亮点：在国医国药老字号里，在一家中医药博物馆里，了解京城名医和中医药文化。

宜：带老人孩子。

3. 线路3：北京中医药大学中医药博物馆—中国医史博物馆—屠呦呦研究员工作室

线路名称：寻根溯源知本末：探秘体验中医药研学之旅

线路亮点：通过中医寻求健康，在专业、权威、领先的中医药高等学府和研究所，开启中医药文化和健康之门。

宜：带孩子一起。

4. 线路4：北京同仁堂健康零号店—北京中药炮制技术博物馆

线路名称：玩转国潮新时尚：传统文化换新颜

线路亮点：传统京味儿文化与现代时尚混搭，老字号创新出新品，体验式消费打造网红打卡地，展现京帮中医药特色的炮制技法。

宜：年轻人参与，体验与购物。

5. 线路5：北京御生堂中医药博物馆—北京龙脉温泉度假村

线路名称：有山有水有温泉：来自京郊的休闲养生秘籍

线路亮点：在博物馆感受中医药文化的源远流长和博大精深，在温泉汤池里享受山水休闲，在中药与温泉的"混搭"里体验16种温泉理疗浴健康养生的门道。

宜：全家一起，住宿1～2晚。

（二）四川省都江堰市

近年来，四川省都江堰市积极推动中医药健康旅游产业分类集聚发展，不断夯实中医药健康旅游产业基础。都江堰市农业农村局在都江堰市中医药传承创新发展大会上做了2022年都江堰市中医药产业项目推介，包括青山药谷乡村中医药文旅科技产业园等项目集中亮相。青山药谷乡村中医药文旅科技产业园位于玉堂街道、石羊镇，投资金额约30亿，拟发展中医药种植、高端康养等业态。此外，都江堰市文化体育和旅游局对外发布了都江堰市中医药康养旅游线路，以自然天养、运动养生、酒店康养为主题，设计了养生中药、静水洗心问道之旅，道养青城、天人合一的康体之旅，律动时光、轻奢医养的祈福之旅三条精品养生主题旅游线路。

1. 线路一：养生中药，静水洗心问道之旅

第一天：

上午：前往孙思邈中医药康养文化庄园，在此感受中医药文化的源远流长和博大精深，品味独特的中药芳香。中午：在隐秀尚庭品道家养生餐，养身又养胃，饭后参观艾灸生活馆，体验一番传统中医的古老养生之法。下午：前往问花村林盘诊所，诊所有国家级、省级、市级名老中医，设立寻医堂、问药堂和讲医堂，每月定时名医亲临坐诊。夜宿：某温泉酒店，泡养生温泉，在温泉汤池里享受山水休闲，让身心得到彻底放松。

第二天：

晨起：习练青城武术，登青城山一览风光无限。中午：赴隐谷特色餐厅，餐厅主要以山里原生食材为原材料，以二十四节气来推出时令菜品，顺应自然，因时而食。下午：前往青城道茶观光园，八百里青城茶梯翠浪、两千年古堰茶韵悠扬，幽甲天下的宗教圣地孕育出了独绝于世的青城道茶，在此亲自体验采茶、制茶之乐，环游茶山步道，共品茶韵味。晚上：在卿宿青城品尝黄精炖鸡，黄精入脾经，功效显著，能补气养阴，增健脾胃。夜宿：某森林酒店，客房环抱于竹林间，推窗见山，坐拥私人森林，享受青山绿水环抱的宁静。日式木质建筑开放式空间让你在宴飨山林中感受禅修的魅力，在这里冥想，放空自己，让烦恼随风而去。

2. 线路二：道养青城，天人合一的康体之旅

第一天：

早上：前往都江堰景区，登玉垒山，呼吸清晨最新鲜的空气，观水利工程的壮丽。中午：赴伊依布舍素食餐厅，这里的素餐吃的不仅仅是美食，更是一种对所用食材本味的尊重，对合理膳食理念的追求。下午：赴都江堰昱一堂跟着四川工商职业技术学院客座教授张玉林医师体验灸道。张医师灸道根据中医易学理论融合都江堰"深掏滩，低作堰"的治水理念继承研发而成，让您的身心得到彻底放松。晚上：入住某精品酒店，在酒店"报本堂"的禅修室静坐、抄经、冥想，一呼一吸之间寻找真正的宁静，夜深了在半露天式

的十五树梅花汤屋享受暖暖的温泉，让每一寸肌肤都得到滋润。

第二天：

早上：起来参观绿地青城御手国医馆，这里将中国传统宫廷御医养生术进行整合，在这里享受古法推拿，根据中医经络学说原理，对人体五脏六腑和人体经络、穴位等进行调理防护，提升生活品质。下午：前往石羊镇花蕊里川芎产业园，了解道地中药材川芎药用养生价值，都江堰的"川芎"因为块头大、产量高、药效好、切片后呈"菊花心"而享誉国外。2006年"都江堰川芎"被列为"国家地理标志保护产品"。石羊川芎不仅被药王孙思邈入药，还被美食家苏东坡制成美食川芎肘子。晚上：入住石羊镇青城湾湿地庄园舒婷诗社文化民宿，品尝色香味俱全的禅养川芎宴，喝一口地道的川芎养生酒，感受舌尖上的石羊乡村美食之趣——傍晚赴七里诗乡绿道骑行或散步，自由自在，走走停停，好不悠闲。不在乎终点，在乎的是沿途的风景和欣赏风景的心情。

3. 线路三：律动时光，轻奢医养的祈福之旅

第一天：

早起：赴融创雪世界滑雪，世界级滑雪赛道，1 200米雪道总长度，21°最大坡度，60米最大落差，6条雪道激情畅滑，尽享飞驰快感。驭雪飞驰点燃你的速度与激情。下午：雅楠缘金丝楠乌木博物馆，手工制作爱心香囊，外包采用中国传统缎面绣花而成，内包采用青城山艾草、金丝楠乌木屑＋崖柏等中草药制成，使人心旷神怡，神清气爽！跟着非遗传承人子楠体验茶印艺术，将亲手制作的茶染围巾带回家，愿茶香伴随家人朋友，感悟岁月静好。晚上：入住睿宏养生国际酒店，品尝酒店特制的以道家养生理念，结合太极五行文化，研发的定制养生餐。晚上泡酒店的森林汤泉，汤泉与森果同林，孩童与松鼠同趣，抛开闹世喧哗，回归山林野趣，静享此刻汤泉之乐。

第二天：

早起：赴普照寺，感受清净禅悦。再前往药王庙追寻孙思邈的足迹。相传唐代时，药王孙思邈云游至此，见山上环境清幽，气候宜人，中草药遍布，便在此住了下来，潜心研究药物。下午：赴青山药谷，都江堰有秀美之山、灵动之水，在灵山秀水之间品一杯清茶，坐在临湖的椅子上，闻着花香，还有大自然馈赠的清新空气与暖阳。晚上：赴六善酒店感受地道的养生SPA，

放慢生活的脚步，抽出时间来好好关注自己的健康。在这样的环境中享受SPA，连空气都在"自愈"。

（三）江西上饶

2021年8月，上饶市文广新旅局和卫生健康委联合公布了首批四条中医药健康旅游精品线路：中医药道文化养生游、中医药传统文化游、中药材种植观赏游和中医药现代研学游，展示了上饶国家中医药健康旅游示范区的突出成果。

此次发布的中医药健康旅游精品线路中共包括16个中医药健康旅游景区景点，突出了中医药特色，体现了健康主题，呈现了旅游要素，释放出了中医药健康服务的潜能和活力。

中医药道文化养生游的旅游景点主要包括三清山中国道教文化园和葛仙村道教养生文化园。利用场景再现，把中医、音乐、茶道、养生和导引等道家文化中的重要元素变成可供体验的生活场景。

中医药传统文化游的主要旅游景点包括铅山县河口古镇、横峰县药植园、中国中医科学院（德兴）试验培训基地、德兴祖氏百草、婺源中医药文化展示馆、婺源县龙尾中医药文化博物馆。通过发掘、整理、研究我市各地独具特色的中医药历史文化，提高城市"药"味，形成独具一格的中医药文化传播中心。

中药材种植观赏游的主要旅游景点有万年珍珠养殖基地、余干大明湖芡实基地、鄱阳艾草种植基地、鄱阳元宝山中药材种植基地。展示珍珠、芡实、吴茱萸、枳壳、栀子、艾草等生态中药材的种植与加工全过程，让游客在大自然中体验"上饶中医药味道"。

中医药现代研学游主要依托的旅游景点有上饶国家中医药健康旅游示范区核心区、上饶恒大养生谷、广信区云谷田园、上饶国际细胞谷。结合中医药科技创新和现代健康服务资源，让游客体验高端医疗、中医药康养、物理农业，展示上饶中医药高质量发展的聚集效应。

二、省内中医药康养旅游线路设计现状

近年来，湖北省以温泉为代表的康养旅游业快速成长，并在全国形成了一定的品牌影响力。中医药康养游作为湖北省康养游发展的重点，在中医中

药、针灸、健康理疗、疗养康复和膳食养生等多方面与旅游融合，逐步产生了新的旅游业态，有可能将成为湖北康养旅游的"网红"。

从第四章开始，将对湖北省 2018 年发布的 8 条中医药康养旅游路线进行全面的资料收集，在深入一线调研的基础上，对首批线路的发展现状进行深描，揭示各线路在发展过程中存在的问题，并相应地提出推进其高质量发展的改进策略。

第四章 案例研究：蕲春李时珍故里中医药文化游

蕲春县是著名的"医药双圣"李时珍的故乡。蕲春作为湖北的养生名片，一直是湖北地区养生爱好者的首选福地。蕲春地处湖北省黄冈市的南部，北靠大别山，南临长江，京九铁路、沪蓉高速公路纵横境内。这里是中国"中三角"的中心地带，与武汉、南昌、合肥等大中城市共属"一小时城市圈"。该县还是著名的"教授县"，以人才辈出著称。

第一节 现状与特色

蕲春县以中医药产业为支撑，以康养度假为核心，打造药旅联动、国内顶级、国际一流的健康养生目的地。以康养旅游创建规划为统领，将产业融合与业态创新作为支撑，将重点区域与重大项目建设突破作为核心，大力发展"旅游、文化、体育、健康和养老"这五大幸福产业，围绕李时珍文化这一灵魂，以大健康产业为核心、蕲艾产业为龙头，打造集疗养、康复、养生、度假、生态休闲、会议会展、研学旅行等多项功能于一身的国家级中医药健康旅游示范区。

截至2020年，蕲春县共建成的主要乡村康养旅游项目有10个（表4-1），在建项目3个，以康养文化景区观光、森林避暑、温泉疗养等发展模式为主。

其中，彭祖长寿养生小镇重点建设的彭祖养生文化旅游度假区属于在建项目，面积约为 6.67 平方千米，预计投资高达 30 亿元人民币，致力于用 5 ~ 8 年的时间把彭祖长寿养生特色小镇创建成为国家级特色小镇、国家 4A 级旅游景区、省级疗养养老示范基地以及中医药养生产业基地。据县政府预测，该养生文化旅游度假区建成后，年营业收入将达 10 亿元，为当地农民提供直接就业岗位 500 个，还将间接帮助近 2 500 人就业。除此之外，蕲春县为满足游客康养需求，着力打造了众多健康养老相关主体和机构（表 4-2），进一步促进了蕲春县乡村旅游与中医药康养产业的有效融合，使蕲春县中医药康养旅游发展氛围愈发浓厚。

表 4-1　蕲春县中医药康养旅游主要景区汇总表

序　号	景区名称	所在村镇
1	李时珍文化旅游区	赤龙湖国家湿地公园
2	李时珍纪念馆	蕲州镇瓦屑坝
3	李时珍百草园	漕河镇长林岗村
4	普阳观景区	漕河镇菜园头村
5	八里湖艾草小镇	漕河镇八里湖
6	雾云山生态旅游区	檀林镇雾云山村
7	彭祖长寿养生小镇	漕河镇彭祖村
8	中国中草药博览园	规划在建
9	中草药标本园	规划在建
10	中医药文化名人园	规划在建

表 4-2 蕲春县中医药康养相关机构汇总表

主 类	项 目	主要功能
特色旅游商品购物店	特色商品展销中心	中医药康养特色旅游商品购物
	李时珍中药材专业交易市场	
	蕲艾健康精品超市	
	李时珍蕲艾体验中心礼品店	
	千年艾礼品店	
	中国艾都养生产品行业商城	
康养度假酒店	普阳假日酒店	带有中医药康养功能的度假酒店
	李时珍假日酒店	
	金三利颐养堂酒店	
中医药康养体验机构	李时珍蕲艾产业园有限公司（艾灸培训中心）	艾灸培训
	赤方蕲艾艾灸馆	艾灸理疗
	蕲艾堂时珍艾灸馆	
	普阳观艾灸馆	
	三江生态旅游度假区艾灸馆	
	横岗山生态园艾灸馆	
	千年艾艾灸馆	

　　除此之外，蕲春县政府为发挥中医药康养旅游品牌效益，吸引广大游客，积极组织、开展了多项中医药康养旅游活动（表 4-3），活动类型丰富多彩，活动文化特色鲜明，成了蕲春县乡村康养旅游景区具有标识性的文化符号。其中，"李时珍中药材交易会"的举办历史最为悠久，截至 2021 年已开展了 29 次该项活动。2018 年是李时珍诞辰 500 周年，蕲春县以此为契机开展了"第四届李时珍蕲艾健康旅游文化节"的活动，此次活动的开展标示着蕲

春县中医药康养旅游品牌基本形成，并正在成为蕲县最具活力、潜力和竞争力的新经济增长点。

表 4-3　蕲春县乡村康养旅游系列活动汇总表

序　号	中医药康养旅游活动名称
1	"龙泉杯"地方特色旅游养生商品（纪念品）征集评选大赛
2	李时珍蕲艾健康旅游文化节
3	李时珍中药材交易会
4	大别山美丽乡村旅游文化节
5	"艾黄金杯"健康旅游商品评选大赛
6	联投·时珍艾城开园康养文旅节
7	李时珍诞辰 500 周年纪念活动

第二节　精品旅游路线

推荐路线：李时珍百草园—蕲艾小镇—李时珍纪念馆—鄂人谷。

一、李时珍百草园

蕲春县李时珍百草园位于湖北省黄冈市蕲春县，是 3A 级旅游景区。李时珍百草园位于蕲春县漕河镇的长林岗村。整个园区按照 4A 旅游景区的标准规划建设，总面积超 1.33 平方千米，是以"李时珍传说"中医药文化传承为核心，融科技、观赏、休闲、体验和养生为一体的创意农业主题生态园。李时珍百草园是湖北东部区域规模最大、标准最高以及最具观赏性的旅游休闲和观光生态园，每年可接待游客高达 30 万人。

截至目前，该园区种植的植物种类众多，其中樱花、杜鹃、桂花、杨梅、红玉兰、银杏、红枫和海棠等名贵树木数量达到 5 万余棵。园区内部还安排有古装表演、绣球招亲和民乐演奏等一系列趣味性较强的活动。一到节假日，园区游人如织，热闹非凡。

这里远离都市的喧嚣，楼阁、山丘、小木屋是一道亮丽的风景线。当然，这里茂密的绿植、诱人的花海、鱼跃、鸟鸣更是让人流连忘返。周末的时候来到这里开展一场亲子游是不错的选择，家长可以带领孩子识百花、认百草，享受一场世外桃源般的旅行。

二、蕲艾小镇

蕲艾小镇位于蕲春之南，赤东湖畔，兼具蕲艾特色与明清风韵，它将明朝荆王府的缩影投映到五百年之后的今天小镇以李时珍文化旅游区核心区的身份，2018 年顺利迎接了"5·26"李时珍诞辰 500 周年的重大纪念活动。该小镇融合了中医药、商业、娱乐、休闲、展示、民宿等功能，形成了特色明清仿古商业街。尽管初建时名声不大，但是到今天已经成为鄂东及周边地区旅游者经常到访之地，具有独特的魅力。蕲艾小镇将"蕲艾+非遗文化"定为核心，其中蕴含了蕲艾文化、李时珍文化、健康文化和明清文化等种类多样又博大精深的文化内涵，凸显了蕲春的文化符号，是李时珍文化旅游区在新时代下弘扬传统文化新风貌的代表性小镇。

要了解蕲艾小镇，就要先了解它的历史。走过长长的情人堤，就来到蕲艾小镇，首先映入眼帘的是蕲州城门楼，乃是仿制荆王府建成。公元 1445 年，荆王朱瞻堈于蕲州建立荆王府，在这里一传就是十代，传承 198 年。明嘉靖年间的《蕲州志》写道："其城周围九里三十三步，一千一百三十丈，高一丈八尺，城门六座，城上串楔九百九十间。""夜市千灯照碧云，犹自笙歌彻晓闻。"从中可以看出荆王府曾经的喧闹繁华。漫步蕲艾小镇，一座座古色古香的院落分列街道两旁，青石板、高墙、黛瓦宛若一幅泼墨古画，一砖一石都在诉说曾经的故事。一个中国人人耳熟能详的故事在这里诞生。1568 年，吴承恩来到荆王府任纪善，并在此期间完成了著名长篇古典小说——《西游记》的后 13 回，书中许多地名如白鸡山、狮子洞、朱紫国等都是在这边民间采风、搜集得来。在这里诞生的名篇巨著不止四大名著之一《西游记》，还诞生了大明医圣李时珍的药学圣典《本草纲目》。李时珍是蕲州本地人，经常出入荆王府，为王府上下治病。据说在李时珍的调理下，体弱多病的吴承恩身体日见好转后活了 82 岁，成了当时的寿星公。这里文人辈出，19 世纪初期的现代文艺理论家、诗人和文学翻译家胡风也生于蕲州。

2004 年 2 月，著名金融学家汪潮涌回乡投资，他眼光独到，一眼就相中了蕲南这片土地，迅速投资建设华中影视基地之蕲州明清影视城（以下简称"蕲州影视城"）。一座座古色古香的院落在风光旖旎的赤东湖畔拔地而起，2006 年 5 月建成了蕲州影视城一期项目，建筑面积 15 000 平方米，内有蕲州衙门、古戏台、荆王府、明清街市、十珍斋、荆王府作坊、蕲州古城墙等多个彰显明清朝代特色的徽派建筑。《大明医圣李时珍》《洪湖赤卫队》《黄梅戏宗师传奇》《大汉口》和《金童玉女》等多部影视作品都拍摄于此。

在蕲春县委和县政府的大力支持和关心之下，赤龙湖国家湿地公园管理处于 2012 年 2 月 13 日正式挂牌成立，就在蕲州影视城四合院内办公。蕲州影视城被纳入湿地公园建设的总体规划，迎来了新的蜕变。通过招商引资，2014 年 10 月 10 日，湖北联投蕲春投资有限公司正式揭牌成立，主要负责李时珍文化旅游区的投融资、开发、建设及营运。蕲州影视城又被纳入李时珍文化旅游区开发建设核心启动区。

2016 年 5 月 10 日，蕲艾小镇一期项目正式启动，对原有的蕲州影视城进行了全面升级改造，投资总额约 5 000 万元，占地 28 640 平方米，建筑面积 4 242 平方米。蕲州影视城在短短两年的改造中，名字历经李时珍健康文化小镇、明清文化小镇、健康小镇等称呼变化，最终敲定为蕲艾小镇，凸显蕲春文化精髓。在省、市、县各级领导的督导下，2018 年 5 月 19 日建成开园。蕲艾小镇至今仍坚持不收取门票费用，游客可随心畅游，许多新人来这里拍摄结婚照，蕲春县拍摄宣传片也来此取景。

历经变迁，今天的蕲艾小镇赋予旧时荆王府和前身蕲州影视城以新的诠释，神秘而高高在上的高墙黛瓦化身为老百姓恣意游玩的街市，给予古诗"旧时王谢堂前燕，飞入寻常百姓家"新的释义，小镇面貌焕然一新，也焕发了新的生机。联投蕲春投资有限公司以蕲艾小镇一期为"联投时珍·艾城"主打，完美开展了李时珍诞辰 500 周年世界级的大型纪念活动，2018 年 5 月 26 日当天，游客可自由进入蕲艾研习所、管窑、斗茶、镖局、书画院、过所馆、百业坊、国风剧场、濒湖客舍、御膳珍坊等不同功能的古朴小楼，一站式体验康养、娱乐、游憩、民宿。2018 年至今，蕲艾小镇陆续开展了"狂欢艾城，足酒论英雄""跑艾马，感受一座城""蕲春县保护野生动物宣传月暨爱鸟画鸟千米长卷"等一系列热闹非凡、意义非凡的活动，还与蕲春中小学合作开发研学旅行，成立了蕲春中小学生综合实践研学旅行教育基地，开设珍艾国礼、书法乐器、管陶制作、蕲艾制作、体能训练、安全教育等多项课程，寓教于乐。蕲艾小镇用它独特的方式充分开发利用蕲春艾文化、传统美德、生态环保、社会主义核心价值等文化输出功能。

谈笑有鸿儒，往来有知音，可以研艾草，阅诗经。有丝竹之绕梁，有探索之实践。蕲南珍宝，鄂东明珠。笔者云：蕲艾小镇，幸甚至哉！

三、李时珍纪念馆

始建于1980年的李时珍纪念馆坐落在蕲春县蕲州镇东，风景秀丽的雨湖畔，是依托全国重点文物保护单位李时珍墓而建的。纪念馆占地面积有6万平方米，建筑面积共7 000平方米，由停车场（含四贤牌坊）、本草碑廊、生平纪念馆、药物馆、墓园和百草药园六大部分组成。整体建筑采用前庭后院的形式，前面部分的碑廊、纪念馆和药物馆一进三重，属于典型的仿明代建筑。后面部分的百草药园以及墓园是游览休憩的地方。李时珍纪念馆从前往后景致亦露亦藏，恰到好处地融合了独特的自然风光与人文景观，展露出中国古典园林的建筑风格。

蕲春李时珍纪念馆内部设有李时珍纪念展览以及博大精深中医药学这两大基本陈列，馆内藏品多达一万余件（种），是我国唯一一家集李时珍的文物、文献资料征集、收藏和研究于一身的专业博物馆，同时也是展示中国本草药标本以及弘扬中医药文化的重要场所。通过对该馆的参观，人们能更好地了解中医药文化，获取实用养生知识。

自1982年对外开放以来，李时珍纪念馆累计接待中外游客500万余人次，对于弘扬李时珍精神和中华民族优秀传统的医药文化起到了极为重要的作用，在全球范围内产生了极其深远的影响。邓小平亲自为李时珍纪念馆和药物馆题写馆名，10多位党和国家领导人曾先后亲临此纪念馆视察并题词，还有国内外许多知名的专家学者，如郭沫若、李约瑟和袁隆平等也都曾前来考察并题词。

1995年3月，湖北省人民政府将李时珍纪念馆列为全省爱国主义教育基地；1996年10月，国家教育委员会、民政部、文化部、国家文物局、共青团中央和解放军总政治部六部委共同将李时珍纪念馆列为全国中小学爱国主义教育基地；1997 年 6 月，中共中央宣传部将该馆确定成全国爱国主义教育示范基地；2001 年，湖北省科学技术协会又将其命名成湖北省青少年科普教育基地；2002 年，当时的国家旅游局将其确定为 2A 级旅游景区（点）；2006 年 12 月，国家中医药管理局将其确定为全国第一批中医药文化宣传教育基地；2009 年 5 月，李时珍纪念馆被国家文物局评定为三级博物馆。

四、鄂人谷

湖北鄂人谷生态旅游度假村是由湖北鄂人谷健康旅游有限公司在 2005 年建立的，原名为"黑巴山庄"，处于湖北省东部，长江中下游北岸，大别山南部，是世界著名的中医药学家李时珍的家乡，也是历史上有名的刘邓大军挺进大别山过程中的"高山铺战役"的主战场所处地——湖北蕲春县高山铺云山谷。向东 5 千米为武穴市境界，北部邻接省级黄标公路，南部与独山相望，西边可达蕲春县城区和京九铁路蕲春火车站。湖北鄂人谷生态度假村建在超过 80 万平方米的山谷上，规划投资高达 8 000 多万元，现已初步建立了设施完善、功能齐备，集纪念教育、旅游参观、商务休闲、生态观光、趣味娱乐、农耕观赏为一体的国家 3A 级标准特色旅游区。

景区以"一庄三园五谷九景"为布局理念，以黑巴山庄（一庄）为龙头，以黑色植物、动物、水产品种养殖（三园）为农耕特色，将鄂人谷、云山谷、桃源谷、欢乐谷、幽闲谷（五谷）打造为有鄂人魂雕、鄂人文化展览馆、高山铺战役英雄群雕、高山铺战役纪念馆、鬼谷洞、水上乐园、摩天轮、逍遥亭、鄂人谷农耕文化展示馆（九景）的经典生态旅游观光区。

第三节　问题与不足

蕲春县发展中医药康养旅游至今已有六年的时间，在这六年的时间里，蕲春县虽已获得了许多丰硕的成果，但也存在着一些疑难杂症和发展短板亟须解决，具体表现如下：

一、旅游发展规划不健全

蕲春的中医药康养旅游在发展过程中存在旅游规划和其他综合性规划不健全的问题。在旅游规划方面，该县于 2014 年启动"药旅联动"战略之后制定了《蕲春县旅游发展总体规划（2013—2030）》，但该规划跨度时间较长，从而导致因实际环境和具体情况变化较大而完成度较低。当然，规划细节不够具体也是其完成度较低的原因之一。另外，因缺乏有效管理和监督，各乡镇对县里制定的旅游发展规划执行度和落实度不高，造成了各乡镇为争先发展各自地区的旅游经济而出现了全县旅游发展现状混乱的局面。2018 年，蕲春县被选入首批国家中医药健康旅游示范区的创建行列，在此之后制定了《蕲春县国家中医药健康旅游示范区发展规划》。县内的雾云山景区和普阳观也被评定为国家 4A 级风景区，但乡村康养旅游发展模式单一、缺少核心吸引物和精品旅游线路仍是其旅游发展中的薄弱环节。乡村康养旅游发展规划中的龙头"李时珍文化旅游区"仍以传统的观光形式为主，缺乏康养旅游的体验和参与感，而其他的乡村康养旅游项目也都是以"观光＋购物"、森林避暑等为主，同质化较为严重。其次，旅游线路单薄的问题也较为明显，当地旅行社现有的旅游线路中仅有三个景点相互组合，加之蕲春县乡村康养旅游景区本身分散在各个村镇，导致景区难以连串成线。此外，其他综合性规划的制订与落实相比较旅游发展规划而言较为滞后，后期发展过程中缺乏成熟的日常运营和管理，时常会出现康养旅游产品"晒太阳"和管理混乱的现象，导致众多优秀的康养旅游产品往往在市场中不太受关注。

二、旅游配套基础设施不足

旅游景区和景点所在地基础设施的完善程度会直接影响游客对当次旅游的满意程度。中医药康养旅游是一个新业态，旅游业所获取的经济收益较为滞后，因此蕲春县在发展中医药康养旅游的前期工作中急需巨大的资金投入去建设和完善当地的基础设施。然而，旅游企业在投资打造乡村康养旅游产品之外还要承担乡村基础设施建设成本，部分旅游企业因经济收益的滞后性而可能遭受资金链断裂的巨大风险。调查发现，通常游客去往蕲春县中医药康养旅游的村庄或旅游区停留时间较短，是由于中医药康养旅游景区的公共服务设施和配套设施的水平落后，从而导致游客的满意度过低。在游玩之后，长途游客更愿意驱车前往城镇里进行住宿和餐饮消费，而短途游客更愿意选择返回居住地。长此以往，就会直接影响旅游者对旅游目的地的印象，更有可能会降低他们出行的满意度。另外，蕲春县在落实国家以"厕所革命"为总领的相关基础设施革命的任务中，尽管在资源配备上获得了较为显著的成效，如其中医药康养旅游景区规划建设旅游厕所 34 座，已顺利完成 24 座旅游厕所建设，但在基础设施日常管理方面仍有待改善，部分基础设施过分注重建设的数量，忽视了质量，致使其使用寿命较短，再加之部分基础设施长期处于无人管理和无人修缮等管理缺失的状态，直接影响了基础设施的完善程度。近年来，蕲春县乡村康养旅游的游客数量持续增加，但游客数量与现有基础设施的完善程度是不平衡的，这就要求相关部门加快完善公共服务设施以及相关配套设施建设，提升旅游者的满意度。

三、旅游品牌效用发挥不够

蕲春县独特的人文资源让其在中医药康养旅游品牌认知的建立上有着独树一帜的优势，即向绝大多数游客提到"李时珍"时，他们就能自然而然地联想到"本草纲目""养生""保健"等相关联的名词和事物，也有一部分游客对"李时珍"有更深入的了解，知道其故乡就在蕲春县，这说明游客对蕲春县乡村康养旅游的品牌是有一定的认知和识别能力。但在品牌形象的建立上不尽如人意，缺乏品牌保护意识，有些村庄和开发商在开发乡村康养旅游项目的过程中存在急于求成、急功近利和南辕北辙的情况，借着"李时珍故里""中国艾都"等品牌开发的乡村康养旅游项目存在质量较低或者直接用于房地产开发的问题。还有一些售卖康养药材的主体以贴牌的形式销售质量较低的商品，这样就导致了品牌信誉难以建立，而具备高知名度和良好公众评价是任何一个旅游品牌提升其效用的必备前提。

四、智慧旅游系统落后

在互联网科技快速发展的时代背景下，智慧城市和智慧旅游系统概念的兴起明显提高了旅游产业的信息化建设水平。因此，建设智慧旅游信息系统已经成为蕲春县中医药康养旅游发展的重要部分。一方面，为了获取更多有用性与及时性兼具的信息，促进乡村康养旅游的发展，当地政府必须建立能够实现旅游产品供给和需求双方之间有效信息沟通的智慧旅游系统，并保证需求和供求信息的质量；另一方面，为了提供给游客更加丰富的服务体验以及满足游客多元化的信息搜索需要，把游客的体验价值评价作为根本标准是至关重要的。从蕲春县中医药康养旅游的现实发展情况来看，该县在智慧旅游的服务、大数据和交易等方面的系统建设明显落后，相关部门的支持力度不够。与此同时，在标准规范方面，蕲春县关于智慧旅游业态标准方面以及智慧旅游数据交换共享方面制定的标准规范较少。为进一步推进蕲春县智慧旅游系统的建设，推动中医药康养旅游发展进程，相关部门与管理人员需要引起足够重视，并采取相应的完善措施。

五、复合型旅游人才缺乏

现阶段蕲春县的中医药康养旅游还处在初级发展阶段。对于高层次人才的培养和引进，蕲春县的做法是临时聘用省内外知名高校的旅游和区域发展等相关专业的教授，但仍缺乏权威级别且能长期生活在当地并统领蕲春县乡村康养旅发展的高层次人才。对于直接旅游业服务者的培养和引进，蕲春县的做法是通过设立事业单位岗位进行人才招聘，招聘对象为大专学历以上的旅游管理专业学生，其职责是在李时珍纪念观内讲解李时珍康养文化，设法将其专业知识在旅游发展方面得到最大限度的运用。加之，中医药康养旅游的形式较新，具有较高的综合性，且蕲春县乡村康养旅游是以中医药康养为核心，因此蕲春县需要培养和引进的人才应该具备旅游、管理等方面的相关知识，同时具备一定的中医药养生的基础常识，但是当前我国的知识结构设置中对旅游学、管理学和中医药常识这类的知识是相对独立的，所以这类具有复合型管理素质的人才在市场上确实比较稀少。另外，因为其旅游目的地为经济较为不发达的乡村地区，再加上人才聘用机制方面的原因，造成了大量人才外流的现象，仅存的人力资源经常也得不到很好的利用，而且相关旅游人才培训机制较为落后，跟不上蕲春县乡村康养旅游业发展的需要，从而造成了从事旅游业方面的人员素质不达标、管理水平较低、服务能力和应急能力等综合能力水平不高的现象。蕲春县需要加大中医药康养旅游复合型人才的培养，同时确立人才引进机制，从制定优秀人才优惠政策、企业培训等方面入手，解决人才短缺的问题。

六、医疗康养水平较低

中医药康养旅游的关注点不仅在打造乡村旅游上，更是在提高乡村地区的中医药康养水平上。医疗康养水平的评价，一方面是对医疗康养硬件建设的评价，主要包括康养机构的数量、质量，康养设备的先进程度等，另一方面是对医疗康养软件建设的评价，主要包括康养服务的质量、康养环境的适宜度、康养效果的显著度等。蕲春县以中医药康养为核心实施"药旅战略"的过程中既要针对旅游发展方面存在的问题进行改善，又要重视其医疗康养服务水平的提高，两者缺一不可。当前，蕲春县中医药康养旅游发展中医疗康养水平较低，呈现出有品牌无服务、有旅有药而无医无养的现象。虽然蕲春县近年建成了一家李时珍中医院，在艾灸产业发展上也具备了从培训到理疗的一系列产业链，但其康养机构和主体大多数属民间性质且规模较小，对于发展乡村康养旅游来说，缺乏政府统筹力量。目前尚没有一家上规模、有权威和知名度的疗养医院或康养机构，所以蕲春县应该重视自身缺陷，在大力发展旅游业的同时兼顾整体中医药医疗康养水平的提升。

第四节　改善建议

一、加强政府引导的作用，详细制定中医药康养旅游规划

蕲春县在制定中医药康养旅游的各项规划时，需要加强政府的引导作用。一方面对国家层面和湖北省里发布的相关推进中医药康养旅游发展的政策和措施要快速研究和有效利用，另一方面本县政府应该根据当地的现实情况出台扶持中医药康养旅游发展的相关政策措施，内容可以包括招商引资、中医药康养旅游项目用地、中医药康养旅游市场秩序等各方面。此外，目前中医药康养旅游的发展前景可观，相关的旅游资源分类和旅游资源评价标准应做到适时更新，要用创新性思维方式重新界定和评估蕲春县中医药康养旅游发展的利好条件，并将全要素纳入蕲春县中医药康养旅游的规划当中。当进行全方位旅游规划时，一方面应该坚持做到以"生态为本"、以"文化为魂"，整合好全县中医药康养旅游资源，并进行产品的差异化定位，打造具有比较

优势和竞争优势的蕲春中医药康养旅游典型产品和精品路线，运用开发蕲春县中医药康养旅游优势资源集聚、土地集约、项目集聚的模式，打造一批中医药康养旅游集群区，如以李时珍文化旅游区为中心的中医药康养集群区、以雾云山和云丹山的森林康养旅游为核心的森林康养集群区、以普阳观为核心的宗教文化康养集群区、以青石温泉小镇为核心的温泉康养集群区，积极开辟以"中国艾都，养生蕲春"为主题的中医药康养旅游路线，使蕲春县成为湖北省乃至中国中医药健康旅游的首选之地、优选之地和必选之地。另一方面，各个行政主管部门还需要通力配合，改善各自为政的局面，全面整合力量，制订步伐一致的规划方案。在具体方案的管理与执行方面，蕲春县应该打破多方管理的限制，将多头管理变为综合管理和综合执行。

二、完善基础设施，实现全智慧景区覆盖

重新建设和进一步完善旅游目的地的基础设施需要依赖政府大量的财力、物力和人力的投入，需要从"衣、食、住、行、医、养"6个方面全面着手。从蕲春县发展中医药康养旅存在的问题看，尤为需要关注"住"和"行"的建设与改善，紧跟国内特定旅游地民宿经济的热点，塑造具有蕲春县中医药康养旅游特色的民宿品牌，可以巧妙地将"蕲春四宝"之一的蕲竹用作打造蕲春县特色民宿的原材料，使旅游者感受到优质、幽雅且别具一格的居住环境。另外，还要提高蕲春县与周边城市以及进入本地中医药康养旅游景区的交通通畅性，因为县内的中医药康养旅游景点和景区较为分散，所以需要依赖现代信息技术推进以家庭为单位的消费者用车形式的创新，如设立专门针对景点和景区的网络租车、网络约车等，借此大大缩短旅游者的"行游比"（用于路途的时间与游览时间之间的比例），提升游客的体验。

基础设施的建设是发展中医药康养旅游的基础，基础设施的管理更是中医药康养旅游成熟发展的关键。由于蕲春县中医药康养旅游的许多景点和景区都较为偏僻且分散，在监控管理方面多有不便，所以应该以"智慧旅游"为切入点，着力推进蕲春县中医药康养旅游智慧景点和景区的建设，在县域范围内建立有效的中医药康养旅游公共服务数据共享以及分级管理机制，以保证公共服务数据及时有效，清晰各管理的职责。要加快推出"蕲春县中医药康养旅游助手"手机应用，实现用一个App整合蕲春县中医药康养旅游"食、住、游、医、养"等各方面的信息和预订功能。李时珍文化旅游区是当前蕲

春县发展较为成熟的景区，可以先以李时珍文化旅游区为试点进行智慧景区建设，让旅游者进入景区立即就能通过智能设备享受精准定位、自助导览、电子商务和应急求助等功能，之后再通过汲取经验加以改善，从而逐步实现蕲春县乡村康养旅游全智慧景区覆盖。

三、紧扣中医药康养需求，实现市场全角度营销

从客源地的角度来看，蕲春县中医药康养旅游的客源主要来自湖北省内，其中以武汉市的游客居多。另外，以蕲春县为中心，同属于"一小时城市圈"的九江市、南昌市和合肥市等也都还有较大的客源扩展空间。从旅游者年龄的角度来看，蕲春县中医药康养旅游的客源主要是闲暇时间（退休）较充裕和可支配收入（退休工资）较多的老年人与对养生问题较为关注的白领阶层。从旅游者的康养需求来看，该地区中医药康养旅游的游客出行主要想达到修身养性、强身健体和医疗康复的效果。故此，在判别潜在顾客和客源市场的扩展中，必须仔细区分不同地域、不同职业、不同年龄和不同需求的旅游者的宣传方式，做好全方位、多角度的精准营销。针对省内游客，应当更多地向他们宣传和推荐离常住地距离较近的"周末游"以及有利于增进家庭关系的"亲子游"等旅游线路产品。而对于周边省市的旅游者，可以向他们宣传力荐"小长假游"和"深度游"等外出时间跨度较大的旅游线路产品。面向老年人的宣传，需要适当地使用广播、电视、报纸和亲朋好友等相对传统的传播媒介，也可以与客源所在地的养老院和福利院等机构建立合作关系。对于白领阶层的宣传应该更多地使用现在流行的各类新媒体（微博、微信、QQ、小红书、快手、抖音等）的方式，也可以与企业和单位达成合作，运用工作福利、年度体检等手段进行宣传，以期其推荐亲朋好友，从而发展更多、更稳定的客源。

四、加强人才培养，保障康养旅游复合型人才供给

当地加强培养或大力引进具有高素质、高业务水平且符合乡村康养旅游复合型人才要求的人才是实现蕲春县中医药康养旅游可持续发展非常重要的举措。湖北省内就有较为扎实的科研基础，有湖北中医药大学、湖北中医药高等专科学校可以输送中医药方面的人才，也有中国旅游研究院武汉分院、湖北省青年旅游研究会、湖北大学、中南财经政法大学等科研机构和高校输

送旅游管理方面的人才。因此，蕲春县在人才培养方面可以加强与省政府的合作，在省政府的指导下，与这些科研机构通过建立中医药康养旅游培训班、专题讲座等形式进行人才培养；也可以通过加强与其他地区的有效合作和交流来培养人才，如依托相关科研机构举办学术交流会议，以吸引外地的专家学者前来调研考察并提出建议，还可以通过外派人员到其他地区调研、考察以汲取国内外已经发展到成熟阶段的康养旅游的先进经验等方式来培养一批中医药康养旅游复合型人才。在人才引进方面，愿意前往中医药旅游开发地区为目的地地区发展做贡献的人才主要分为两类，一类是家乡在该地区的回乡发展人才，一类是自己的事业规划涉及该领域的专业人才。对此，蕲春县政府应当根据不同类型的人才制定并出台一系列极具吸引力的人才引进政策，后续还要为引进来的人才提供保障政策。

五、拓宽投资渠道，加强中医药康养配套设施建设

一个新业态的快速成熟发展需要大量的资金投入，而旅游业所获取的经济收益是较为滞后的，在蕲春县发展中医药康养旅游的前期工作中同样需要巨大的资金投入去建设和完善当地的基础设施以及提升其旅游服务质量。但是，旅游业经济收益的滞后性给其投资带来了不确定的风险性，因此在促进蕲春县中医药康养旅游发展的过程中，急需寻求方法解决政府财政能力有限，社会资金的成本相对过高而无法承担起其收益滞后性的风险所导致的发展资金缺乏的问题。对此，蕲春县在发展乡村康养旅游时应加快创新投资机制，推进蕲春县中医药康养旅游主体参与进程。从政府层面来看，政府要加强对蕲春县中医药康养旅游的投资力度，设立中医药康养旅游的专项资金，以便专门用来对乡村中医药康养旅游项目进行开发。此外，政府还应当积极探索全社会参与模式，拓宽蕲春县发展中医药康养旅游的融资渠道，出台更具有吸引力的招商引资政策，以吸引更多社会资金的投入，推进政府资金和民间资本的合作。就社会层面来说，当地金融机构应当为发展乡村中医药康养旅游的企业提供更多的金融服务便利，以便旅游企业可以通过资产融资、信托抵押等方式筹集发展中医药康养旅游的资金，也可以创新乡村中医药康养旅游有关的保险业务，以逐步实现全社会参与的体系。

六、坚守优质化标准，提高中医药康养服务质量和水平

　　旅游业中的竞争很大程度上表现为旅游服务质量方面的竞争，重在提升旅游者体验感以及参与感的中医药康养旅游也是一样。提高蕲春县中医药康养旅游的服务质量和水平，应该做到下以几点：第一，促进医疗与康养服务设施设备的现代化。蕲春县在这些方面的现实水平是制约其开发中医药康养旅游的短板，需要加快建立现代化的康养旅游设施和机构。第二，推进服务体系的标准化。目前的中医药康养旅游各项标准较为滞后，无法跟进实践的发展，应该全面梳理现存相关中医药旅游、康养旅游和中医药康养旅游的政策与法规，出台具体、详细的服务标准、内容和收费等方面的相关文件，为今后蕲春县中医药康养旅游的高质量发展奠定基础。第三，推进服务品质的人性化。蕲春的中医药康养旅游应注重留住游客，让旅游者成为"回头客"，所以必须把"以人为本""顾客是上帝"的服务理念和服务标准体现到每一个方面、每一个环节和每一位从业人员，重点在贴心、细心和用心上下足功夫，从细微之处塑造好目的地的旅游形象。

第五章　案例研究：武当山道家养生文化游

　　十堰市的中医药康养旅游资源非常丰富，这里还有独特的景观资源、空气资源、地域文化和饮食资源。2017年该市召开的旅游发展大会将建立"东方国际休闲养生旅游目的地"作为旅游产业发展的总体定位。在中央电视台连续播放数年的广告语——"问道武当山 养生太极湖"，让武当山家喻户晓。武当山是世界文化遗产和全国重点风景名胜区，也是著名的道教圣地。自古以来，它因"亘古无双胜境，天下第一仙山"的显赫名声吸引了大量高人逸士来此隐居、养生，全身心探研医术、养生术，为人类留下了极其宝贵的财富，被誉为"仙山琼阁"。

　　武当山地区在历史上曾经是楚国十分重要的一部分，甚至在一定的时期成为楚国的政治、经济和文化中心，有着不可撼动的重要地位。楚国始于丹阳，在古代的解释为丹水之阳，也就是现在的武当山北麓。武当山的道教崇尚孝悌人伦，其思想理念主要包括这几点：阴阳、五行以及太极学说等哲学思想。阴阳、五行太极学说都可以归为中国古代哲学的范畴，是中国古代的宇宙生成观及方法论，它以古代朴素的唯物论为根基，内含辩证法思想，强调各要素之间相反相成、相生相克。这些哲学思想深刻地反映在了武当道教的建筑、道医、音乐和武术等方面。

第一节　现状与特色

近年来，武当山特区集中人力、物力和财力，对通村公路、居住环境、村容村貌进行了统一规划、提档升级，将周边游、自驾游、亲子游和家庭游作为主攻方向，把观光体验、健康养生和运动休闲作为主打内容，着力培育文化民宿等新型业态，计划通过合理的市场化运作，每年新增武当文化民宿小院超 100 家。到"十四五"末，全区特色民宿尽可能达到 1 000 家。

该区充分利用武当山的文化、资源和品牌等优势，加速发展大旅游、大文化和大健康产业。打造武当美食、武当民宿和武当康养品牌，开发武当道医、武当武术和武当茶艺等关联旅游产品，配齐房车营地、皮划艇俱乐部等休闲娱乐场所，融合观光休闲、康养旅居、特色民宿和武术养生等业态，构建全域旅游度假产业集群。加快发展医药康养产业，推进八仙观养生谷、五龙森林康养示范区、瓦房河康养小区等项目的建设，力争在"十四五"末创建 3 个以上"全国森林康养基地"。打造太极拳健康工程，支持武当武术协会在海内外创立分会，培育发展武当太极养生馆、气功养生中心以及规模化武校。大力实施项目带动战略，推动华强方特武当山传统文化园、武当雅苑康养培训中心、永乐古镇、武当雅集和玄岳大道等重大项目建设，加大有效投资、拉动经济增长并推动跨越发展。

现阶段，武当山的道家养生文化游主要具备如下几点优势。

一、养生要素禀赋

武当武学、武当道学、医学、乐理和膳食中都包含丰富的养生思想。毫无疑问，养生这一理念是武当道教发展的整体核心。其养生的方法主要总结为以下几点：第一，"道法自然"和"无为而治"的理念。武当道教主张人与天地万物要和谐相处，同步变化，也宣扬"天人合一""不妄作劳"和"四气调神"的理念。第二，服食辟谷术在修习服食术时，人们的膳食以黄精、椰梅和天麻等天然药材为主要食材。在他们的观念中，长期服用黄精能够达到延年益寿、强身健体的效果。武当道教发展到今天，道士仍然只吃素食，而且其中很多的饮食养生精髓对后人的日常饮食习惯产生了重要影响。

二、地理区位优越

武当山位于湖北省丹江口市的西南部位，其地理坐标为东经110°56′15″—111°15′23″，北纬32°22′30″—32°35′06″。它的周边有重庆、成都、洛阳和武汉等多个人口非常密集的城市。武当山的外部交通设施十分通畅，周围有多条高速公路和铁路经过，能够与很多城市实现联通，尤其是襄渝铁路和福银高速等，这些交通线分别将武当山与武汉、三峡和西安，武当山、三峡、神农架和西安连接起来，形成了2个相互平行的国际级旅游黄金路线。中国大力实施的南水北调工程和中部开发工程使武当山的地理位置更显优越，为武当山旅游的进一步发展提供了良好的整体环境。

三、休闲旅游与健康养生文化的市场需求旺盛

中国养生旅游市场的前景一片光明。从宏观角度看，中国经济发展到现在，已然进入了休闲经济时期，民众对物质生活和精神文化生活都产生了更高的要求。大众的消费结构也因此发生了极大改变，越来越多的人加大了在精神文化领域的花费力度，这为中国以旅游业为代表的服务行业的发展提供了理想的环境。休闲旅游已然变成了很多国人生活的一部分。在今后的发展中，伴随着经济的快速发展以及社会结构的改革，将会有越来越多的地方加入休闲旅游业发展的行列之中。在现今社会，人们在物质生活得到基本满足后，就会不断提高精神层面的需求，这是符合马斯洛需求层次理论的。同样，养生和健康就会变成全体民众愿意主动关心和投资的热点。人们对休闲和养生产品的需要越来越多，相应的旅游要求也越来越高，他们更多地渴望到山清水秀、景色宜人以及自然悠闲的地方去享受别样的体验。毋庸置疑，养生旅游的开发十分值得关注。武当山在国内外都享有很高的声誉，但是其养生旅游品牌还有很大的发展空间。伴随着交通条件的不断优化，武当山的地理位置变得更为优越，这对武当山康养旅游的建设和发展是十分有利的。

四、区域经济加速发展

区域经济一体化是中国当前阶段经济建设的指导方向。十堰市处于成渝

城市群、中原城市群以及武汉城市圈和关中—天水经济区的中心，完全能通过养生旅游产业的带动作用将自身的影响力不断向四周扩展，朝着生态建设和经济建设的纽带区的方向前进，这对优化武当山产业结构和提升当地经济发展的步伐是十分有益的。十堰市依托"三区三线"的平台，综合利用区域内优越的自然生态资源及人文资源，把武当山作为发展的核心，利用各类可供开发的优势资源，不断优化和完善产业链，力图逐步形成类型多样的风景区群。在交通条件方面，十堰市今后将变成沟通华中、华北和西北地区的重要枢纽，发展规划中的1个机场、2个码头、3条重要铁路和4条核心高速等设施将陆续建成并投入使用，这会让武当山地区的交通条件更加便利。基于现有的基础设施及服务，武当山已经顺利建成了武当武术国际交流中心、武当山建国饭店和天尊旅游休闲中心等多项核心项目，该地区也在加快进行环境优化以及废物废水处理，积极健全景区内的监控体系和自动化控制体系等，并对景区内的路标和其他标识等按照规定重新进行排布，要求各家店铺依据统一的标准进行改造，重新修建和整改了景区内的卫生间，这些举措让武当山景区内的环境焕然一新。

第二节　精品旅游路线

推荐路线：武当山—太极湖—太极峡—房县。

一、问道武当山

武当山又被称为太和山、谢罗山、参上山和仙室山，古时称"太岳""玄岳""大岳"，有着"亘古无双胜境，天下第一仙山"的美誉，这里的自然风光无与伦比。武当山身份多重，有国家5A级旅游风景区、国家森林公园、中国十大避暑名山之一、海峡两岸交流基地，并入选最美"国家地质公园"。自古以来，武当山因其显赫地位，吸引了众多高人来此隐居，潜心钻研医术和养生术，可谓"十道九医"，这也为后人留下了极其宝贵的财富。明代著名医学家李时珍编写的《本草纲目》记载了1 800多种草药，武当山就有400多种，因而被誉为"天然药库"。据1985年的药用植物普查显示，武当山全山药材共有617种，其中比较名贵的有天麻、七叶一枝花、绞股蓝、何首乌、灵芝、黄连、天竺桂、千年艾和巴戟天等。

近年来，武当山地区推出了将"过几天神仙生活"作为宣传口号的"武当369"新品牌，利用道家文化这一核心，将人文景观作为载体，以生态资源为导向，突出康养度假的特色，打造身心旅游新坐标，吸引了全球各地养生人群来到这里深度感受武当武术、道茶夜话、道家膳食、周易文化、道家医药和辟谷清修等代表性文化旅游产品。

武当山的道家养生文化游线路融文化体验、休闲度假和养生养老为一体，所经过的很多地区，其旅游资源本身就具备康养价值，如温泉、湖泊、山地和乡村田园等，而且这些资源存在的历史悠久，具有道家、医药、茶道、膳食和武术等丰富内涵。

二、养生太极湖

武当太极湖位于武当山北麓的山脚下，依托世界遗产地、中国道教圣地武当山以及亚洲最大人工湖——丹江口水库而形成。现已成为一个融观光、休闲、度假为一体，世界闻名、国际高水准的旅游目的地。中医学认为水对保持人体健康有十分重要的作用。太极湖的气候宜人，空气清新，环境优美，日照充沛，水质优良，这里的养生资源得天独厚。旅游者可以选择水路进山，也可坐在游船上欣赏湖光山色，感受沉淀千年的厚重文化。湖边有各式各样的船静候着，供旅游者挑选。他们可以选择乘坐轻便的游船，亲近湖面，尽情享受太极湖绮丽的风景，缓解疲惫紧张的情绪；也可以选择更为豪华的游艇，观赏精致的船内设置，享受慢节奏的休闲娱乐……在太极湖，人们可以自由地亲近水，体悟恬淡、宁静、自然的养心之道。

武当山太极湖新区建设项目总投资60亿元，占地总面积达67平方千米，整个新建项目沿湖而建，依山傍水，尽显休闲、养生、环保和传承武当文化的建设理念。建设的项目主要包括超五星大酒店、武当水上人家、武当艺术馆、旅游发展中心、武当太极大剧院和太极天堂以及与之相配套的市政设施和一些大型景观项目等。

三、天然太极峡

太极峡坐落于南水北调中线源头的丹江口水库之畔，景区整体面积共38平方千米。西北部是海拔达千米的山区，层峦叠嶂，峡谷幽深，草木葱茏；

东南部为海拔 300 米左右的丘陵，是修竹丛生的村庄和茂林环绕的田野。景区风光迷人，丹霞地貌显得神奇瑰丽，石林景观凸显鬼斧神工，使其成为全省独一无二的丹霞地貌地质公园；这里有野生花卉、稀有树木 1 200 余种，飞禽走兽 50 多种，是一处名副其实的动植物王国。

天然的太极峡是人们旅游观光、休闲养生、科考和探险的理想之地。十里溪流、百滩瀑布、千亩橘园和万顷森林让人流连忘返。在这里，旅游者可以全身心融入以健康养生为主题的深度旅游中，真实体验好风景的"洗"眼、好空气的"洗"肺、好环境的"洗"心。

四、健康房县

诗祖故里，养生房县。房县地处神农架与武当山两大世界级名山之间，东与荆襄相邻，西与川陕相通，总面积有 5 110 平方千米，此地自古就有"千里房县"之称。房县生态优良、资源富集，拥有高达 78.3% 的森林覆盖率，这里有野人谷国家级自然保护区和古南河国家湿地公园，有野人谷、野人洞、神农大峡谷以及观音洞、西关印象等旅游景观，该地的黄酒、黑木耳和香菇驰名中外，温泉更是拥有"中华泉水之冠"的美誉。近年来，房县紧扣"生态文化旅游健康城"这一建设目标，大力发展中医药康养旅游，支持生物医药企业打造有机中药材观赏、药品生产过程参观、名贵中药科普和保健药品体验等旅游项目。2018 年 4 月，全国百余名旅行商代表一起参观了湖北神农本草公司，现场购买中药产品，并大呼实惠。

房县县委、县政府重点为野人谷云盘岭生态养生养老基地项目进行招商引资，因其具有独特的地理位置和良好的自然环境而被湖北华泰文旅健康管理有限公司列为"云氧"旅居项目，并且已经成功签约。该项目总投资高达 8 亿元，是集科研、体验和生态养生养老等多项功能为一体的高端养生养老基地。

除此之外，房县的温泉中富含 28 种矿物元素，无论是做成饮品还是用于泡浴都是不错的选择；房县的黄酒口感绝妙，其中的营养价值远超葡萄酒，是养生佳品。

第三节　问题与不足

分析武当山养生旅游产业的发展现状可以看出，风景怡人的生态环境、悠久的道教文化等共同构成了武当山独树一帜的特点。然而，其在发展过程中仍存在诸如"市场分层不清晰""养生旅游项目少""缺乏品牌知名度"等问题，再加上市场竞争压力的增加，其旅游业的发展存在很多问题。

一、景区资源没有得到充分利用

关于旅游商品方面，武当山的道教特色凸显不够，类型也很有限，现在还是以武当的剑术为主，对具有道教独特性的产品开发不够重视。另外，当地政府主持建设的武当山商品市场尚不规范，也缺乏文化底蕴；关于旅游者观光方面，绝大多数的旅游者来此地观光的时间非常有限，很难有足够的时间深入探索武当的建筑、传统的文化和道教的理念，特别是处于旅游旺季的时候，旅游者在此地停留的时间更短，少有机会认真仔细地观赏景区内的各类自然人文风光。

二、养生旅游项目不足

武当山特区在规划的时候就将这里适合观光的时间定为一至两天，因此很多旅行社在路线规划和时间安排上也定为一到两天。这个时间相对较短，景区和景点很难在如此短的时间内充分将武当道教文化展现给旅游者，当然也就没有办法大力地发挥道教养生文化的影响力和魅力。另外，道教康养文化展示项目有限，这也决定了旅游者来目的地观光的时间短。从现在的情况来看，很多旅游者来到武当山白天参观各大庙宇，观赏自然风光，而晚上回到酒店倒头就睡。很多较有特色的、可以有效组织起来的活动没有得到充分开发与利用，如茶艺展示、法事活动、健康膳食、道士日常生活体验、道教文化交流、宗教乐曲鉴赏和养生方法的普及等。虽然很多旅游者对道教的康养文化充满了好奇和较强的了解欲望，但是景区很少有真正专业的人进行现场面对面讲解，也缺少针对性的亲身体验和实践的项目，以至于部分旅游者到访过一次之后就不会有再次光顾的想法。从这个现象中我们可以初步断定，由于有关道教康养文化的项目相对有限并且特色不够凸显，所以未能给部分旅游者留下特别的体验和深刻的记忆，武当山景区在今后的发展过程中应在这些方面投入更多的关注。

三、品牌效应不够明显

近年来，武当山陆续在中央电视台、《人民日报》和《湖北日报》等权威媒体上进行广告宣传，还在北京、上海等城市开展了形式多样的促销活动，进一步开发了客源市场。但是，这些宣传的作用仅停留在大众对武当山的感知以及印象层面上，缺乏对武当山康养文化进行全面而深入的宣传，形式缺少吸引力，宣传力度不足，通常都是利用电视广告和功夫表演等形式进行宣传，因而普通的旅游者一般只知道武当山的道教殿堂、宜人的自然风光，关于道教养生文化的了解并不多，这对武当道教康养旅游产品开发是不利的。近些年，武当山的知名度及美誉度不断提升，但与国内其他旅游景区相比仍存在一些差距，如很多旅游者只知峨眉山金顶，却对武当山金顶知之较少；位于山东省青岛市的崂山与武当山同是道教圣地，却因《崂山道士》这一美术电影的影响，知名度远高于武当山。虽然在节日庆典和活动方面，武当山曾经举办过武术节、文化节、京剧票友节、民俗庙会等，但是这些活动的参与人数有限，仅几万人次，影响范围难以达到理想预期。除此之外，武当山旅游区在导览、餐饮、娱乐、购物和住宿等方面也没有著名的品牌，本区域内包括中医药康养在内的康养旅游资源亟须全面开发。

四、竞争压力大

在社会环境整体良好的情况下，全国各地都在大力发展旅游业，但旅游产业蓬勃发展的同时，各景区也面临着巨大的市场压力。与武当山同类型的风景区，如黄山、峨眉山等为了提升竞争力，进行了相应的改革，并取得了明显成效，黄山旅游集团有限公司和峨眉山旅游股份有限公司分别在 1996年及 1997 年成功上市。湖北神农架旅游发展股份有限公司的设立让神农架的旅游业发展飞速，大量新旅游景点和景区陆续问世，各大景区都在不断探寻更为合适的经营机制，这些情况都给武当山的旅游发展带来了挑战。如何合理利用武当山地区富集的自然资源和人文资源，建设独具特色、识别度高的品牌已经成为必须面对的问题。随着经济全球化的速度不断加快，人才的流动性更为迅速。事实证明，人才通常都是由经济不发达的地区转移至经济较发达的地区。整体来看，武当山周围区域的人才流向对其发展是有不利影响的，在一定程度上导致了景区内缺少具有较高专业素养的人才。

五、利用与保护之间有冲突

武当山所处的地理位置比较特殊，它处在丹江口水库的蓄养地带和水质保护生态区，政府对这些区域的监管十分严格，很多地方不允许开发建设。从地质层面看，武当山位于地质灾害频繁发生的地带，时常会发生滑坡等地质灾害，因此该地区的传统建筑和自然景观的保护以及保存工作很难顺利开展。伴随着武当山和周围地区旅游业的发展，其自然和人文资源的保护以及生态环境的维持难以持续，环境和资源的保护与景区建设开发之间的矛盾冲突常常难以得到解决。

六、可持续发展的压力大

武当山被联合国教科文组织列入世界文化遗产名录和被评为国家5A级旅游风景区之后，它的知名度和美誉度随之提升，到访的游客数量不断增加。但现阶段武当山的旅游发展的可持续性还存在一些急需解决的问题，如文化资源开发力度不够、景点区域过小、基础设施与服务不到位以及产品结构单一等。在今后的发展中，如何融合各方面的资源加速武当山景区的开发和建设，如何在旅游业竞争压力逐步增大的环境下共同兼顾经济发展和环境保护，这些问题必须得到解决。

第四节　改善建议

一、创新发展养生旅游理念

武当山内以道教文化为核心的文化资源极为丰富，如武当的建筑、壁画、乐曲、医学、武学和膳食等，这些都是具有代表性和独特性的旅游资源。全面助推武当山文化宣传项目及特色景观项目，举办特色文化交流会，品尝道教膳食，开展武术交流，弘扬、演奏道教乐曲，依托各种可能的途径，大力宣扬特色文化。风景区要学会有效利用自身特色资源，着力打造文化旅游品牌，使景区内健康的旅游氛围浓郁，让旅游者触目可及之处都是传统的古色古香的建筑、精妙绝伦的壁画、形象逼真的雕塑；耳边回响的都是道教的经纶、乐曲和钟声；吃进嘴里的都是养生膳食和道教斋菜；居住的都是别具一格的庙观；身穿的都是道士服饰，手里拿的都是拂尘串珠；买的都是具有纪念意义的精美物品；修习的都是传统的武术。与此同时，发展武当养生旅游，打造特色品牌应格外注意以下几方面。首先是坚持生态优先，注重自然资源的保护。武当山旅游产品的开发应坚决维护景区资源与环境的可持续发展，避免毁坏树木、违规乱建和污染环境事件的发生。其次是坚持适度开发，控制景区旅游者的接待量。旅游景区内的游客量并不是越多越好，人数过多会增加大气、噪声和垃圾等污染，不利于旅游者管理与资源保护，特别是在节假日与庆典期间更应该严格控制人流量。因而，对武当山景区的环境和生态进行专业评估是十分必要的，所有的商业行为必须在环境允许的前提之下展开。再次是必须要做到道教特色旅游产品与生态环境之间的协调。对景区内的旅游路线进行规划，基础设施的排布需要符合顺应自然、随机应变和生态环保的准则，尽可能最大限度地保护景区内部原有的道教建筑，不在景区随意建设同环境不符的游乐园抑或高大的建筑，也不应将传统建筑直接改造成酒店，应让旅游者在观赏之中真实地体验到其中蕴含的道教文化和道教思想。事实上，建设一个良好的养生旅游区，不但可以丰富该地区的旅游产品结构，还能够吸引更多具有康养需求的游客前来游玩。最后是进一步挖掘武当山的康养旅游与养生之间的关系。武当的道教养生之道十分成熟，涉及面很广，具有多种途径。在养生旅游景区，可以将养生、武术、膳食和药材等紧密结合起来，共同发展。

二、打造道教养生文化旅游品牌

针对武当道教养生旅游项目的宣传不应该仅局限于报纸、电视、网络和广播等常用的媒体和渠道，还应该重点体现在道教商品的开发、道教活动的开展方面。对武当山道教文化的宣传中还应加强对其特色的宣传，强调它融通百家、人与自然和谐相处理念的融合以及武当武术的功效，借此向旅游者展示独树一帜的旅游形象，使他们对这些产生浓厚的兴趣，从而打造出武当山旅游品牌效应，扩大知名度与美誉度。针对武当山道教文化旅游资源独特且丰富的特征，进行旅游产品的多样化开发，并尽快推向市场。除此之外，围绕武当道教文化旅游资源，对现有旅游产品进行深度开发与优化升级，提升对旅游市场需求变化的灵活反应速度和适应能力，将过去简单的资源要素竞争发展转移到旅游品牌竞争，增强旅游品牌的竞争实力。为了更好地打造武当山旅游知名品牌，应注重从以下几个方面着手：第一，积极开展旅游促销活动，营造良好的康养旅游氛围，吸引省内外游客来目的地旅游，为当地旅游文化产业创收增效。第二，高度重视武当山道教文化旅游产品创新开发。这一问题前面已经述及，在此进一步强调旅游产品的开发和打造重点在于武当道教文化特色的体现与旅游产品的创新性开发，也就是按照市场切实的需求开发出不同于其他旅游地的、富有鲜明的武当道教文化内涵的旅游产品。第三，不断提升景区的旅游服务质量和水平。旅游活动开展的全过程也就是旅游供给方提供全方位服务的过程，这是旅游具有生产和消费同时性特点的具体体现。倘若服务做得好，就会得到旅游者的赞赏和喜爱，而旅游者又会把他们的亲身感受分享给自己的亲朋好友，这样产生的裂变效应相当于无形之中给景区做了免费广告。归根到底，服务质量的提升重点依赖规范化的经营管理和专业化的服务人员。目前而言，参与武当山旅游服务的旅游类企业中的员工流失率高，还存在部分人员的综合素养不高的现象。参与武当山康养发展的各大旅游经营机构可以从国内各大高校中的旅游相关类专业中选拔人才，也可以通过针对性培训素质高有实力的专业人员为当地旅游发展的储备力量，对现有从事旅游相关工作的人员定期培养，利用鲜活的服务案例提升他们的综合专业素养。第四，不断改善武当山外部的交通设施。从当前武当山地区外部交通的情况来看，近程的旅游者主要乘坐公共汽车或火车，远程的游客则主要乘坐火车和飞机。武当山机场已经从 2016 年 2 月开始正式投入使用，机场所在位置距离十堰市约 15 千米，与武当山道教圣地的距离约 25 千米。今后的发展中还应该积极筹备申报航空口岸项目，加快港澳台地区与国际航线的开辟，让交通网络进一步完善，做到四通八达，为武当康养旅游的发展提供更优的基础设施环境。

三、完善养生旅游配套设施建设

景区旅游的发展不仅需要关注主打旅游产品，还应该有计划地推出完整的系列产品。除此之外,增加一些旅游体验感比较强的产品,如组织集体爬山、进行角色扮演、学做养生菜和跟练武当武术等都是可行且有必要的,这样能够让旅游产品的类别更加丰富,也可以创造出更大的经济价值。据相关数据表明,约有30%的旅游者是为了爬山而选择前往武当山的,因此相应设施设备的完善及其质量必须得到保障,而且旅游服务应更加人性化,这样可以在打造景点品牌方面迈出一大步。另外,还可以增加类似向旅游者宣传相关道教养生知识的活动,引得更多人了解、关注,甚至亲自来到武当山;可以尝试开发武当山养生旅游官方网站,在平台上展示武当山养生旅游的景致和丰富多样的活动项目,介绍道教文化的理念和具体的养生方法等;搭建武当山养生公开旅游信息及消费者交流平台,让现实和潜在的旅游者能够借助平台获取自己想要的信息,同时能够与景区人员实现及时的积极交流和互动;加强与通信公司的合作,开通服务热线建设能够辐射整个景区的和网络信号,让旅游者的出行和整趟旅程更加智能化;完善沟通体系,为旅游者提供全面、周到的咨询服务和必要的帮助,包括对旅游活动具体问题的咨询、对旅游项目的整改意见、对工作管理中的投诉等;进一步完善电子商务平台,让旅游中的购票、餐饮、交通、住宿、娱乐和购物等活动都能够在不受空间和时间的限制下在线预定与支付;建立养生旅游网络化体系,通过各具特色的不同活动为特定细分市场的旅游者提供最为合理和最为实惠的旅游方案,有效结合景区内的各类项目,使旅游者完整地体验与感受武当山养生旅游的魅力;可以开发智能旅游服务卡,吸引旅游者使用智能系统把控自己的旅行,让旅行变得更为便捷和智能,吸纳越来越多的旅游者参与到养生旅游的潮流中来,让他们真实感受到传统道教文化的精髓,体验到养生旅游的内涵,这样不仅有利于扩大武当山养生旅游的品牌影响力,还会使武当山旅游的发展步入一个新的发展阶段,明显增加经济收入,扩大社会影响。

四、多层次开发养生旅游产品

为了加快武当山养生旅游被旅游市场所接受的速度,扩大景区的影响力与号召力,景区需要根据市场需求的变化及时开发出新的旅游产品。需要注意的是,产品开发过程中必须尊重道教传统文化理念和遵守资源开发的基本原则,紧紧抓住养生这个热门主题,利用武当山鲜明的道教特色进行新产品的开发。当然,所有的开发工作都必须以资源的保护为前提能进行。根据道教的养生理念，结合武当山上富集的自然资源和人文资源，基于传统文化和现代科技相结合的视角进行康养旅游产业结构的完善，可从以下的项目入手：

（一）太极湖疗养

当今社会中经济发展迅速，民众的生活水平也有了显著的提升，越来越多的群体将健康、养生和保健看得越来越重要。毫无疑问，疗养作为养生的一种重要方式，也受到了更多的关注。武当山蕴含有深厚的文化底蕴，自古以来太极就与水有着千丝万缕的联系，太极湖的水澄澈温润，抓住这一优势积极开发武当山的水疗项目，由此来给旅游者提供一个安宁、舒适和自由自在的旅游氛围，让他们充分感受大自然的力量和魅力。开发水疗活动的理念必须要与道教养生文化精髓相匹配。合理利用现有的资源，在太极湖开设养生旅游项目，以水为中心，将养生水疗打造成为独特的亮点，把现代的水疗方式同传统的养生理念进行有机结合，使各细分市场的旅游者都能享受到水疗，让他们的身心放松、压力缓解并且心情愉悦，使水疗成为一种普遍而又受旅游市场欢迎的养生休闲方式。在建设水疗项目的同时，可以结合现今较为先进的医疗技术以及道教养生旅游的自然优势和太极湖的天然条件，修建疗养院，延长旅游者在当地的停留时间。给予水疗这一词语新的内涵，建立一个融传统精华与现代特色为一体的养生空间。疗养院不仅需要具备最基本的疗养功效，还需要建设出更多的融合现代科技手段的疗养项目，如太极拳、瑜伽、蒸汽浴、诵读经典、音乐疗法和食疗法等。此外，景区还需要根据不同旅游者的实际情况制订有针对性的疗养计划，配套专业的设备与服务，如针对高级企业家，可以成立企业家疗养的信息管理网络，借助网络平台为这些日常繁忙的人群提供及时并且合理的帮助和建议。

（二）养生餐厅

道教认为依靠膳食可以达到延长寿命和健康身体的目的，故此道教对饮食有着非常严格的要求，倡导吃素与少量进食。科学研究也证实了一日三餐中食用素食和蔬菜能够促进人体的代谢速度，促使身体全面处于一个较为和谐的状态。我国历代医药学家主张"药疗不如食疗"，注重饮食养生不但能够滋补身体、预防疾病，还可以起到延缓衰老和延年益寿的作用。相关调查结果显示，膳食养生在当今社会具有广阔的市场前景。鉴于此，武当山需要抓住这个时代机遇，大力加强膳食养生产业。"辟谷"在先秦时是皇家一种常用的养生疗法，这一方法又被称为绝谷、去谷和断谷，也是武当山道教养生中的一个特色。孙思邈等医药大家也曾研究过这一养生法。道士开始"辟谷"之后，全天都不会吃五谷，只饮用天麻等中药材。在现实生活当中，轻断食法已经成为一种新兴的健康养生方法，对于这一方面的相关研究也不断增多和深入。武当山景区应当把传统方法与现代科技联系起来，不能只是建立素食餐厅和宣扬"辟谷"，而应给旅游者提供更为全面而丰富的选择，如在可供食用的素食菌类、豆制品和面食等食材的基础之上，合理利用本地的多种中药材，打造新的药膳产品，实现生态与经济的双赢。

（三）养生道医馆

中医作为中国的优秀传统文化，有着极其深厚的历史积淀与群众基础。如果可以把中医文化与武当山的道教文化紧密联系起来建立养生医疗机构，那么很有可能成为养生旅游市场的另一个亮点。这些机构中可以长期聘任对道教体系有着深入了解的，而且实践经验丰富的名中医、老中医为游客诊疗，并针对性地提出养生保健的建议，为旅游者搭配科学合理的药膳。

（四）养生茶产品

根据史书记载，我国古时种茶、制茶和饮茶多在道观寺庙中风行，由此也就有了名山道观出名茶的说法。茶原本就有着疏通经脉、调气活血之功效，把道教文化和茶的养生作用结合起来意义深远，因此武当山养生旅游应该及时把握这个发展良机，加大开发养生茶与相关产品的力度。道家的茶比较特殊，主要都是利用红泥制成的火炉，把采摘的茶叶经过烤、碾等多个程序进行精心制作，这样制作的茶叶具有行气解表的作用。武当山景区建设的道教茶道需要体现出道教茶文化的核心部分，将道教的理念与茶道文化紧密联系起来，开发出具备独特方式和巨大功效的养生茶。需要注意的是，仅仅有单一的茶叶产品是无法完全满足旅游者需要的，还需要不断地进行产品的创新制作与研发。与此同时，新产品的打造应该遵循一定的依据，需要依照传统道教中茶文化的基本理念，并且适当地与现代人类的真实需求结合起来。可以使用中药材制作各类药茶，也可以使用当地比较特别的或时令水果制成果茶，为旅游者提供品种不同、功能各异和口味多样的茶产品，使游客可以根据自己的爱好与需求进行自由挑选。以这些有特色的茶产品促进整个武当山养生旅游的发展和进步。

（五）习武场

中国传统武术对修习者除有增强体魄的功效之外，还有提升人的精、气、神等方面的综合能力。武术中使用轻柔的肢体运动，注重呼吸、思想与身体之间的协调统一，在修习的过程中强调修习者身体与精神一起运动、缓解压力、完全沉浸于武术的境界中。归根到底，武术是一类为人类服务的艺术，运用武当武术这个特色品牌，不仅可以为游客提供简便的、体现武术养生之道的修习方式，还可以诚邀比较有名望的武当武术专家前来培训、讲课，以此提升武当养生武术的影响力和知名度。当然，打造武当武术这一品牌最根本的目的还是向大众宣扬武当山特色养生文化，因为修习武术的初衷并不在于与他人斗争或拼出输赢，而在于实现身体与精神的综合提升，达到养生健体的目的。

（六）养生温泉

将道教的养生文化理念和温泉融合在一起，打造养生温泉，建设具备多种设施并且能全方位满足旅游者需求的温泉度假村，加快推进与之相配套的餐饮、酒店、观光、温泉和休闲娱乐等项目的全面开发。无论是大型高级温泉山庄还是相对小型的温泉浴场，其基础设施的完善和品质都与产品链的各个环节息息相关，所以基础设施的配套至关重要。在进行建设的时候，景区一定要把握好养生这一核心功效，景区内的建筑、设备、产品和服务等各个方面都需要紧扣这个中心，处处体现出道教养生的理念，让旅游者真真切切地感悟到武当道教的养生文化，打造一系列受旅游者喜欢的、具有较强市场竞争力的国际知名养生温泉产品。武当山地区的温泉资源丰富，因此在建设的时候，必须要把握资源本身的特色，打造出独树一帜、特色鲜明、符合大众需求的温泉度假品牌。

（七）道乐馆

武当山拥有着特色突出、婉转悦耳的道教乐曲。当今社会，随着民众对精神文化追求的日益提升，人们对美妙音乐的追求也逐渐提高。这一现象为道教古乐的发展提供了积极的社会环境。武当山应该把握好这个机遇，深入挖掘特色鲜明的道教养生音乐，规划专门的道教音乐演奏的道乐馆。演奏场所的存在是为了更好地传播传统的道教乐曲，发扬道教养生文化，传授道教养生理念，在修建的时候要特别注意场馆的规模，其容纳量应尽可能大一些，同时需要关注演奏的质量，邀请专业人员进行现场表演。当然，要真正达到弘扬道乐的效果需要从多方面着手，不仅需要有专业演员的演奏，还需要给旅游者提供一个有氛围的环境，可以真正沉浸在道乐的世界里，享受道教音乐的魅力，故此建设一个处处都能聆听道乐的环境是十分有必要的。例如，景区可以在比较隐秘的地方安装音乐播放器，定时定点地播放各种提升氛围感的乐曲，让旅游者在欣赏景观的同时，感受到道教音乐的魅力。

除了以上所提及的活动之外，武当山的养生旅游也能够开发养生会馆、养生商场和养生教育基地等项目，创建以养生为核心的旅游景区。需要注意的是，在开发道教养生旅游产品时，必须把传统文化与现代消费者的需求结合起来，利用武当山特有的自然资源与底蕴深厚的道教文化资源，把传统的旅游和活动同现代的各种流行项目联系起来，形成融观光、娱乐、休闲和养生等功能为一体的全方位系列养生旅游产品。在打造道教养生旅游产品的时候，也要重视对旅游者内在的影响，让其能从这些产品中真实地领悟到养生的真谛，感悟大自然与人类之间的和谐相处的美好。

第六章 案例研究：神农架神农
中草药文化游

神农架由神农氏搭架采药而得名，享有"中草药王国"之美誉，神农尝百草的故事流传至今。神农架是我国首个获得联合国教科文组织人与生物圈自然保护区、世界地质公园和世界遗产三大保护制度共同录入的"三冠王"名录遗产地。这里有四大名草药，分别是"江边一碗水""头顶一颗珠""七叶一枝花"和"文王一支笔"。除此之外，神农架还有各类民间草药，如天麻、猪苓、灵芝草以及冬花、柴胡、桔梗、旱半夏等。再加上神农架景致怡人的自然条件，这里成了货真价实的中医药养生旅游之处。

神农架国家公园处于神农架林区的西南部，北边可达到大九湖镇青树村，南边连接下谷乡相思岭村，木鱼镇老君山村位于其东端，西边可到达九湖镇大九湖村。神农架国家公园东西长约63.9千米，南北纵横27.8千米，面积共1 170平方千米，约为神农架林区总面积的35.97%。

神农架属大巴山系，曾前后历经过"大别山运动""晋宁运动""宜昌运动""广西运动"和"燕山运动"等，该地区经历了多次的抬升、沉降、皱褶断裂以及剥蚀，逐渐奠定了现代神农架构造的骨架。神农架是长江与汉水的分水岭，境内有香溪河、沿渡河、南河和堵河4个水系。神农架总体地势呈现出从西南向东北倾斜的趋势，西南角多为海拔1 500米以上的东西向山脉。这里拥有6座华中地区海拔3 000米以上的山峰，其中神农顶被誉为"华中第一峰"，海拔 3 106.2 米，境内最低点是位于下谷坪乡的石柱河，海拔为 398 米，相对高度差是 2 708.2 米。

神农架位于中纬度北亚热带季风区，一年四季受到东南季风以及大陆高压交替的影响，气温偏凉且多雨（全年降雨 800 ~ 2500 毫米，平均 1 219.93 毫米），随着海拔高度的爬升，形成了低山、中山、亚高山三个立体气候带，夏无炎热酷暑、冬无凛冽寒冷。当南方许多地方夏季高温不降的时候，这里却坐享一份凉爽。独特的地理环境和立体气候带让神农架成为众多动植物生长繁衍的交叉地带。这里拥有北半球中纬度内陆独一无二的亚热带森林生态系统，为珙桐、鹅掌楸和连香等许多珍贵古老子遗植物赖以生长的温床。神农架拥有菌类、地衣、蕨类、被子植物、苔藓类等 4 000 种以上的植物，其中有 40 种受到国家重点保护。富集的植物种类给动物的生存创造了良好条件，各类动物多达 1 050 多种，其中有 70 种受到国家重点保护，还有白雕、白獐、白猴以及白熊等众多白化动物，另有国家珍稀动物金丝猴 1 200 余只。神农架复杂多样的地貌造就了广泛分布的多种岩层，成矿条件优越。神农架区域已被探明的矿种有磷矿、铁矿和镁矿等 15 种，共有各类矿床（点）5 处，储量丰富。

第一节　现状与特色

当前，神农架发展"旅游＋中医药健康养生"模式具有显著优势。首先，这与国家战略、产业发展的现实需求相契合，也符合神农架真正推行"绿水青山就是金山银山"的理念；其次，神农架拥有高品质的中药材资源，根据第四次中药资源普查的初步统计数据，神农架的中草药种类共有 252 科 2 128 种，其所蕴含的资源总种类达到了全国中药资源的六分之一以上；再次，神农架有浓郁的文化底蕴，这里因华夏始祖神农氏在此搭架采药而得名。依据神农尝百草的经历以及用药经验，后人编写了《神农本草经》，这是我国最早的药学专著之一，也是中医药发展以及世界传统医学发展的理论基石。

当前，神农架生态旅游和中医药康养旅游发展较快，这为后期神农架的中医药康养旅游奠定了很好的基础。神农架生态旅游和中医药康养旅游明显存在以下几方面优势。

一、植被丰富，气候宜人

神农架坐落在湖北省的西边，海拔落差大造成的垂直植被分布使区域内同时有灌木、针叶林、阔叶林、高山草甸等多种植被类型。以林区为特色的神农架森林覆盖率非常高，大约占到 91.1%。另外，这里的气候由于受到东南季风和大陆高压的交替影响，全年湿润凉爽，非常适宜观光和游览，这为神农架康养旅游的进一步发展提供了优良的先天条件。

二、坐拥丰富的自然资源和人文资源

神农架有着最为丰富的动植物和森林植被资源，其中不乏很多国家级别的珍稀动植物，宛若一座庞大的生物博物馆，有着巨大的研究和考察价值。除此以外，这里还有丰富的人文资源，神农架当地流传着许多古老的传说，如神农尝百草治病。另外，神农架还有很多独特的民风民俗文化，包括土家风俗文化、大九湖的古兵寨文化以及华中地区特有的高山原生态文化等。神农架拥有的这些自然资源和人文资源珍贵而又丰富，具有很大市场吸引力。

三、具备独特的神秘色彩

神农架区域内约有 2 000 余种纯天然的中药材，享有"神农百草园"和"中药王国"的美誉。传说华夏祖师神农炎帝为了治疗民间的疟疾，曾经在这里搭架采药。很多国内旅客和前来寻根问祖的海内外侨胞被这些神农文化深深吸引着。另外，在众多神话和传说故事中，屈原和王昭君与神农架也颇有渊源。"野人"之谜更是神农架神秘色彩的突出体现，至今尚未被破解，时时刻刻都牵动着大众的好奇心。神农架区域独特的自然环境和气候，也让很多动物在这里频繁出现白化现象。经统计，林区内有大概30多种白化动物，这里的白化动物成因是科学研究者争相研究的重要目标，同时为神农架康养旅游的发展提出了新的思路和方向。

四、神农架旅游品牌效应初显

神农架现存的利好条件有利于促使它成为世界著名生态旅游及中医药康养旅游目的地。在这里，春天可以赏遍野鲜花，夏季享受清凉避暑，秋天在丛林里赏秋叶，冬天在冰天雪地间滑雪。现在的神农架从春秋游发展为全年游，旅游范围也从一隅到全域，从传统的单纯观光游向文化休闲游、节庆游等逐步发展。神农架是国家湿地公园、地质公园、森林公园，也是国家级自然保护区、亚洲生物多样性保护永久性示范地以及国际"人与生物圈"保护区网成员。长期以来，神农架与"神秘""原生态"等关键词密切联系，这不仅是湖北省的一张名片，未来也将会成为世界著名的生态旅游和中医药康养旅游和康养旅游目的地。

五、神农架具有诸多头衔

2016 年 7 月，神农架成为全球第二个、中国首个获得联合国教科文组织世界遗产、人和生物圈保护区及世界地质公园"三冠王"荣誉的地区。2016年 7 月 17 日，它被列入了世界遗产名录，是中国第 11 处世界自然遗产地。载誉而归对神农架生态旅游、中医药康养旅游和养生旅游的开发创造了极大的机遇，提升了神农架的社会影响力，丰富了品牌的内涵，为成为世界著名生态和康养旅游旅游目的地打下良好的宣传基础。

六、政府推进产业转型

神农架林区党委政府践行了绿色使命，为加快当地经济发展，实施产业转型，对现有产业结构进行调整，在保护好生态自然资源的前提下，逐步实现可持续经济增长。具体措施包括大力实施"薪柴革命"，开展以电代燃和受灾补贴。同时，聘请农民生态管护员和河湖长制管理员，力求最大限度地减少对自然资源的依赖与破坏。神农架生态旅游和中医药康养旅游产品开发恰恰与政府的产业转型相呼应，在保护好生态资源的同时，有利于实现经济的良性增长。

七、GEF 大神农架项目的实施

中国湖北大神农架地区生物多样性保护和自然资源可持续利用的扩展与改善项目（简称"GEF 项目"）是由国际执行机构联合国环境规划署负责实施、省财政厅管理资金、省林业局及其项目办公室领导与指导、神农架国家公园管理局及其成立的执行办公室实施的全球环境基金赠款项目。其主要目标是通过扩大和加强大神农架地区的保护区域网络，将生物多样性保护变得主流化，提高经济发展计划和行业的生态系统服务价值。该项目的实施过程中将神农架自然保护区视为核心，推进泛神农架地区共计 28 688.387 平方千米内生物的多样性、种质资源的保护，保持华中地区生态平衡，维护长江和汉江流域生态系统，力求为全球提供生态良好的自然环境。它是一个具有国际重要影响力的项目，符合联合国气候行动和陆地生物可持续发展的目标，不仅能提高神农架的国际形象，还能有效促进神农架自然保护地保护管理能力和水平的提升，全方位保护生物多样性，特别是在规范管理和科学保护上意义更大。在这样的大背景之下，神农架生态旅游、中医药康养旅游和养生旅游的开发有了更坚实的基础支持。

八、神农架是国家公园体制试点单位

2015 年初，国家发改委等 13 部委颁布《关于印发建立国家公园方案的通知》，正式将把湖北省纳入国家公园体制试点首批 9 个试点省（市）之一。2016 年 11 月 17 日，神农架国家公园管理局正式挂牌成立。神农架国家公园作为一种新型自然保护地，不仅要进行资源管理，更要引导当地建立绿色的发展方式和生活方式，从根本上减少对资源的破坏，科学保护和合理利用自然资源，这与神农架生态旅游和中医药康养旅游产品开发的初衷不谋而合。除此之外，还有一些其他政策优势。"十三五"以来，林区党委政府进一步厘清了神农架创建"一园一地一区"，即国家公园、世界著名生态旅游和中医药康养旅游目的地、生态旅游和中医药康养旅游示范区的发展定位目标。这些政策导向对神农架生态旅游和中医药康养旅游产品的开发提供了十分稳固有效的政策依据，具有重要的现实意义。

第二节　精品旅游路线

推荐路线：大九湖镇—木鱼镇—红坪镇—松柏镇。

一、大九湖镇

大九湖镇因境内九湖而得名，位于神农架林区西部，东与木鱼镇接壤，南与下谷坪土家族乡毗邻，西与重庆市巫山县为邻，北与十堰市竹山县、房县相连。镇人民政府驻地距神农架林区人民政府 165 千米。大九湖镇区域总

面积 348.07 平方千米，处于中国地势第二级阶梯的东部边缘，地形分为高山盆地地貌和高山峡谷地貌，最高点位于八王寨，海拔 2 624 米；最低点位于张家河坝，海拔 520 米。此地资源富集，环境优美，是康养人士的福地。

二、木鱼镇

木鱼镇的由来有两个说法，第一种是因为这里的整个地形看似像一条鱼的形状，所以得名"木鱼"。第二种是相传很久以前的山外财主家中有一位漂亮的女儿准备出嫁，为此财主特地找来一位木匠为她准备嫁妆。不承想女儿与木匠竟然日久生情。在财主坚决反对之下，二人便决定私奔。他们来到了一座高山前，却被汹涌的江水挡住了前路。眼看就要被追赶上，木匠便立即用木头雕刻了一条鱼，并扔入水中。木鱼立马变成一条真正的大鱼，他们跳上鱼背飘然而去，最终有情人得以相守。后人为了纪念他们，于是就将此地命名为"木鱼"。

木鱼镇位于华中第一峰——神农顶的南部山麓，平均海拔 1 200 米，属于省级旅游度假区，镇域面积内有神农顶、神农坛、天生桥、香溪源、小当阳等有名旅游景点，这里是湖北省"长江三峡、神农架、武当山"这条旅游黄金线上的关键节点以及游客集散地，属于湖北省西部生态文化旅游圈的核心区域，是神农架旅游接待服务中心以及林区对外开放的"窗口"。

木鱼镇地理位置优越，交通便捷，东南和兴山县接壤，西南与巴东县相邻，西北与红坪镇连相，东北和宋洛乡连接，209 国道及当阳河流域纵贯全境。镇区距宜巴高速最近入口 50 千米，到宜昌市区 2 小时车程，距神农架红坪机场 75 千米，距自然保护区入口 13 千米，距林区政府所在地 80 千米，距兴山县 60 千米，距神农架国际滑雪场 35 千米。

木鱼镇的特产包括有机茶、核桃、猕猴桃、板栗以及香菇木耳、蜂蜜和中药材等，镇内土特产超市众多，旅游者能够在这里购买到神农架特色的土特产。

三、红坪镇

红坪镇的气候具有"一山有四季、十里不同天"的特点。镇内物种繁多，蕴藏丰富，有着"绿色明珠""天然动物园""物种基因库""炎天清凉王国"之称。其自然资源瑰丽、灵动，自然风景点星罗棋布，被称为"华中之屋脊""金丝猴的故乡""'野人'的避难所""白化动物的乐园"等，享有"红坪无处不风光"的美誉。由于红坪镇历史上长期处于原始封闭的状态，所以人文胜迹甚少。

这里有着奇特的自然景观、丰富的宝藏、神奇的传说，可以进行深入开发，以供人们旅游观光、探险猎奇、休闲疗养和科研考察。辖区内已经得到开发并且相对成熟的旅游景点主要有神农顶风景区、红坪画廊风景区、天燕风景区和天燕滑雪场等。

红坪镇向来就有"天然动物园"的美称，这里生活着金丝猴、华南虎、金钱豹、云豹以及毛冠鹿、金雕、白鹤共计7种国家一级保护动物，还生活着国家二级保护动物49种，奇异稀有的白熊、白鹿、白蛇和白喜鹊等多种白化动物以及有待进一步探究的动物如驴头狼、独角兽和棺材兽等也曾在这里出现过。这里还有10种两栖类动物、19类爬行动物、71种兽类、35种鱼类和已知的320种昆虫类，并且绝大多数都有药用价值。

红坪镇拥有"植物王国"的美誉，地域范围共有维管束植物2 288种，苔藓植物200余种，低等植物真菌类734种，地衣类187种。这里的中药材多达2 023种，其中植物类的有1 800种，最具特色的当属与神农氏尝百草故事相关的"七十二七"以及"三十六还阳"。

神农架红坪景区处于神农架天门垭南部，是一小片峡谷盆地，绵亘15千米。传说周昭王伐楚时，路经此地，神龟动怒，将剑抛向长空，剑插入岩缝中。昭王被迫退军之后，神龟变为一巨石，长卧此地，故得名乌龟石，后来因此地建有红坪林场故改名为红坪。

红坪峡峡谷盆地周边奇峰林立，嶙峋峻峭。每到三月，山花遍野，艳秋时节，层林尽染，全年都有溪泉流淌。漫步其中，可以观赏清溪两旁的如泼墨国画似的奇丽景观，并且四季景色各异，因而被画家誉为"红坪画廊"。这里共有一河、两溪、三瀑、四桥、五潭、六洞、七塔、八寨、九石和三十六峰，这些景致互相映衬，分布紧凑，有布移景换之趣。总体来看，这里的景色一奇、二怪、三险、四秀。"奇"指的是奇峰林立，"怪"指的是洞石之怪，"险"指的是寨岭、峰之险，"秀"指的是河、瀑与桥集结。这里吸引了许多画家至此写生。张步的"神农架画展"与罗国士所画的大型组画《神农架奇观》都在国内外引起了强烈反响。

四、松柏镇

松柏镇隶属于湖北省神农架林区，地处神农架林区东北部，东与阳日镇接壤，南与宋洛乡毗邻，西与红坪镇相连，北与房县为邻。松柏镇为神农架林区人民政府驻地。区域总面积 336.32 平方千米。截至 2019 年末，松柏镇辖区户籍人口 29 774 人。松柏镇有如下几个著名的游览点。

（一）送郎山

送郎山横卧于松柏镇青杨河的北岸，其最高峰为张公院，海拔 2 194 米。送郎山因其山水秀丽、传说动人而被人称道。送郎山山势挺拔，山峦起伏，群峰壮观，泉瀑飞流，这里的张公院、五老峰、玉女峰以及姊妹峰、骆驼峰、石人峰等都是植被葱郁，翠耸云霄；拥有"神农菜坛""黄茂仙翁"和"赤马灌"等众多景观，更有非常具备代表性的四时景致，春有桃李，夏有杜鹃，秋有野菊，冬有腊梅，还有数量众多的奇松怪柏、修竹玉兰和香药艳花。

相传仙女党参公主喜欢上了年轻的采药人，两人一见钟情，于是在天缘峰上结为伉俪，婚后夫妻恩爱地生活了很长一段时间。有一天，采药人要回乡，仙女因要留下来守护药园，只得依依不舍地送夫君下山。夫妻二人挥泪离别的身影映在山麓的一块山岩上，形成了一幅仙女送郎图画，这座山也因而得名送郎山。

（二）林海石城

林海石城因所在地的原始森林中遍布古松，幽香四溢，所以又被人们称为松香坪。

此地在历史上有过十分繁华的时期。唐中宗李显曾被贬到房县担任庐陵王，在这里建立了古城与古庙。清朝雍正年间（1723—1735 年），这里还只是属于房州的一个乡，当时乡址就设在玉皇阁。很多年以前，玉皇阁还曾是公社的所在地，后变成了民居，门上那块具有历史感的匾额上面写着"玉皇阁"三个大字，尽管十分破旧，但是仍保存完整。清末民初，坐落于松香坪西部的白云庵，除了高大的庙堂外，还有"江西馆"以及街坊，曾经商贾云集，后来又全部被土匪给焚毁了，青堂瓦舍被夷为平地，整个林海石城毁于一旦，很长时间都陷入了沉寂，至 20 世纪 70 年代初期，这里仍是一个荒僻的小村子。1970 年，自国务院批准成立神农架林区之后，松柏镇才开始正式建镇。最终建成的小镇北靠送郎山，南接青杨河，这里的房屋也都是就地取材，多以石块为建筑材料。整座小镇由幢幢石楼组成，与它的名称非常契合。

（三）神农架自然博物馆

1996 年，松柏镇建成了一座神农架自然博物馆，这是华中地区区域性的自然博物馆。馆内设有综合厅，展示着神农架的地形模型，墙壁上悬挂着很多彩色照片，有神农顶雄姿、铁坚杉伟影以及枝繁叶茂古梭罗树，也有苍莽的林涛和壮阔的云海等，这些都可以帮助人们了解神农架的全貌。

神农架自然博物馆分两大部分。第一层是植物标本馆，这里珍藏有 2 000 多种，共计 12 000 多件植物标本。第二层是动物标本馆。动物标本馆按照鸟类、兽类、鱼类和昆虫类陈列，有 400 多种，共计 1 000 多件动物标本。博物馆中还特别设有野人展区，可以看到野人的模型与介绍野人的图片，能够引起参观者对野人秘踪的好奇；设有奇石展区，主要陈列了收集到的神农架贝壳、海螺、三叶虫和震旦角石等海洋生物化石，以及太阳、月亮、狮子和人物等各种象形石，馆内还有一架被复原了的"中国犀"化石骨架。可以说，这个博物馆是全面了解神农架的窗口。

第三节　问题与不足

一、旅游资源利用受限

尽管该区域自然资源充裕，但资源的等级和类别都是有差异的，当地政府必须对其资源的品级进行甄别和筛选，分主次和有计划地进行开发与利用。现有的山岳景观在视觉上缺乏险峻、陡峭的强烈冲击感，特色不突出；动植物资源种类虽然复杂多样，但其远超其他景区的研究价值和动植物本身价值只有少数真正了解动植物的人才能懂，普通旅客很难从中找到观光以外的乐趣；很多动植物资源受到国家大力保护，普通游客没有近距离接触的机会；洞穴景观、化石遗址也地处偏远的地带，游客不太容易抵达；一些史前人类文化遗迹及化石遗址由于自身的珍稀属性而处于限制甚至禁止开发和利用的状态。总体来看，神农架具有丰富的包括中医药旅游资源在内的各类资源，但如何在严格保护的前提下实现适度的科学开发与利用，这是一个需要不断探索的问题。

二、景点位置分散，难以形成合力

神农架主要景点包括天燕滑雪场、天燕风景区（靠近松柏镇）、官门山、神农坛、神农顶（靠近木鱼镇）和大九湖等。景点之间相隔最远的有100多千米，这就造成了游览线路冗长，景点与景点之间难以形成规模效益。加上区内路网不够优化，旅客游览时舟车劳顿，旅游舒适度不高。而且走完所有景点大概需要两三天的时间，过程中免不了要走很多回头路，这让多个景点难以组合成较好的旅游线路。

三、旅游产品功能单一

从目前来看，神农架的旅游产品很多仅停留在观光游览层面，只能吸引少量旅客，且不利于提升重游率，吸引回头客。单一的观光旅游活动在一定程度上给自然资源的保护造成了压力。景区的综合开发程度较低，主要以自然观光旅游为主。有相当数量的景区资源只经过了粗略的加工与利用，缺乏实质性的对内在文化的发掘与弘扬，极大地弱化了资源的整体效益。整体来看，神农架现有产品的丰富度不够，在与国内其他同类型景区的比较中不占优势，从而削弱了它的竞争力。

四、交通问题明显

神农架平均海拔相对周围地区较高，约1700米，且地理位置较偏，人烟稀少，与外界沟通多有不便，是湖北省17个市州中唯一没有通铁路和高速路的区域。区内路网密度很小，而且道路等级低。区域内交通不畅是影响游客旅游体验的重要原因之一，也是制约其发展生态旅游和中医药康养旅游的一个重要因素。

五、旅游品牌推广不够

由于神农架景区开发利用时间较晚，所以纵使它坐拥丰富的动植物和地质资源等优势，其市场份额仍然较少，知名度也低于其应有的水平。经调研发现，神农架在国内知名旅游目的地中，网络搜索量较低，约70%的网友对其较为陌生。这在一定程度上体现出神农架景区旅游相关部门没有充分利用网络媒介进行宣传与推广。通过对神农架内外部发展环境要素的分析发现，神农架生态旅游和中医药康养旅游产品开发的威胁因素如下：首先是神农架与国内其他同类型景区的竞争非常激烈，景区之间存在产品趋同、资源相似度高的问题。例如，省内以观光旅游为主的景区数量很多，如武当山、恩施大峡谷、宜昌三峡等，省外景区更是不计其数，如黄山、庐山、九寨沟等国内知名度很高的旅游风景区。因此，神农架景区在康养旅游产品开发中亟待挖掘自身特色，并将其发展壮大，如此才能抢占更多市场份额，提高自身的知名度和影响力。其次是旅游业发展普遍受到新冠肺炎疫情影响。新冠肺炎疫情限制了人员的流动，各行各业都受到严重影响，服务业中的旅游业首当其冲。

第四节　改善建议

一、加强生态保护

回归自然是生态旅游和中医药康养旅游的宗旨，发展生态旅游和中医药康养旅游必须有良好的生态环境，因此神农架必须在旅游产品的开发设计中坚持生态保护的策略。比如，围绕保护的要求，实现开发与利用相统筹；珍惜生态旅游和中医药康养旅游资源，有计划、分阶段地进行开发；在功能区划和设计旅游路线时充分考虑对环境和生态的影响；提供丰富的生态旅游和中医药康养旅游教育资源，建立支持服务体系，同时加强技术层面的创新。具体有以下要求：

（1）加强对旅游管理人员的生态旅游和中医药康养旅游知识与法规的培训。生态旅游和中医药康养旅游领域的环境保护必须非常严格，同时对旅游相关人员参与的要求较高，因此有必要加强管理、培训与旅游有关的人员。首先，对旅游者进行生态旅游和中医药康养旅游教育。通过导游或促销媒介提前告知旅游者有关目的地的特定信息，包括气候、地形、地貌、植被以及人文和风俗等，以及当地的旅游管理、旅游规划、生态环境以及中医药康养旅游等方面相关的法律法规知识。鼓励旅游者在旅游过程中尊重当地的文化和习俗，积极参与各项有益于保护自然生态环境，提升环境保护意识的活动与项目。另外，所有旅游管理人员和服务人员，甚至包括旅游目的地的居民，都应该系统地接受生态旅游与中医药康养旅游培训，对生态旅游和中医药康养旅游开发的背景、意义、规划和目标要有清晰的认识；对生态资源保护的基本理念、方式与方法要有深刻的了解；对生态保护的法律法规要深入学习，并认真贯彻。用生态旅游和中医药康养旅游系统培训的专业理论指导实践，以实际行动向更多的游客宣传生态保护理念。

（2）加强对旅游目的地环境影响、旅游容量的评价与监测。第一，科学地确定旅游目的地的环境容量和游客的最大承载量。在此基础上，应考虑以价格波动、限量的门票销售、预订以及景区的错峰开放等方式来控制游客人数。第二，建立适当的旅游环境可持续性评价、监测和预警系统，为旅游环境可持续性评价和监测提供科学数据，也为当地旅游的发展、旅游服务和管理提供依据。

（3）在整个区域内进行可持续规划设计。不仅产品设计需要可持续规划，整个旅游区内的基础设施、设备等也要进行规划和甄选，如建筑设计、排水系统、运输、能源供应等。

二、产品多样化策略

生态旅游和中医药康养旅游产品的综合开发，除了要突出生态景观、地质景观等自然旅游资源特征，还要融入当地乡村民俗、神农文化等人文特色，加强风土人情、探险科普等方面的开发力度。

（1）依托神农架得天独厚的自然资源，可以开发观光类、康养类的旅游产品。游客在景区中可以欣赏自然环境，享受生态资源，了解这里动植物资源的特色，感受神农架独特的魅力，体味大自然的奇迹。

（2）凭借神农架丰富的人文色彩，以及这里古老的传说和独特的民风民俗、土家文化及大九湖的古兵寨文化，可以开发出让游客感受历史文化和民俗民风的旅游产品，使他们在了解神农文化和华中高山原生态民俗文化的同时，真正做到参与进来，体验当地人的住宿、饮食、农活、节庆、婚嫁典礼等，加入当地的土家族歌舞表演，在互动和体验中动态地感受神农架的独特魅力。

（3）除基础的景观和人文性质产品的开发之外，还可以特别聚焦于神农架"神秘"的特征，开发出寻奇探险类的产品。茂密的原始森林总是令人好奇的，加上长期以来神农架的"野人"之谜，使这里更添了几分神秘色彩。深入挖掘原始森林和古老传说的特色，设计出奇特并保证安全的产品，让旅游者收获深入丛林探险的奇妙感受，同时设计野外生存的旅游产品，让旅游者在感受冒险的神奇的同时，也能挑战生存极限。另外，景区也可以根据神农架的地形特征来适当开展攀岩、山地自行车赛、越野赛等活动，让消费者在竞技体育中感受自然的本真美。

（4）依托神农架的滑雪场可以开发与冬季滑雪相关的产品，让我国华中地区甚至南方地区的游客都能在此找到冬天的乐趣。由于神农架是华中地区海拔较高的地区，冬季一般都会降雪，再加上其本身的山地地貌，为冬季滑雪产品的打造提供了很好的条件。另外，旅游者还可以在白雪皑皑的静谧环境中欣赏别样景致，观雾凇，拍雪景，让身心得到放松，收获闲适的度假体验。

（5）利用神农架丰富的动植物资源开发科普科考类产品。神农架是动植物资源的宝库，就像是一座活生生的生物博物馆。这里有着丰富的动植物资源，其中有些是稀有种类，这给热衷科普和科考的游客提供了很大的研究空间。景区可以有计划地组织生物、地理、人文爱好者进行参观、考察和研学，举办科普训练营或者相关的科学考察研究的学术论坛等。神农架生态旅游和中医药康养旅游产品的开发应遵循由静到动、由浅入深的规律，从观光到探险再到科普，深入挖掘神农架生态旅游资源的不同内涵，从而构建丰富多样的产品。

三、做好各项保障性工作

神农架生态旅游和中医药康养旅游产品的开发需要打下一个良好的基础，在政策、资金和配套设施建设的基础之上能稳步开展。

（1）开发生态旅游项目和中医药康养旅游产品离不开政府的大力支持。首先，神农架景区需要寻求政府对该项目的政策和资金支持。作为一个既能保障生态环境又能促进经济发展的项目，如果能够争取到政府的相关政策支持，会为生态旅游项目和中医药康养旅游产品的开发提供一个良好的环境，吸收到更多的投资，促进产品开发和推广的进度。其次，神农架景区需要与政府各职能部门强化沟通和协调，保持良好的协作关系。生态旅游项目和中医药康养旅游产品开发的前期准备和营销推广都涉及与政府、旅游、工商、交通、林业、卫生、环保等单位的合作，保持良好的沟通机制非常重要。目前，神农架林区党委政府也致力于加快经济发展和产业结构的调整，力求最大限度地减少对自然资源的污染和破坏，增加当地居民的经济收入，这与发展生态旅游和中医药康养旅游的初衷不谋而合。因此，景区要积极寻求合作和交流，为神农架生态旅游项目和中医药康养旅游产品的开发打下良好的基础。

（2）加大交通、卫生和其他相关配套设施的建设。首先，必须改善交通状况，建设通往主要景区的旅游快速通道，提高景点之间和区域之间的联动性及便捷性。其次，要联合通信部门完善通信设施，确保区域内信息通信畅通、快速。另外，需完善区域内水、电、餐饮、住宿、卫生等设施和相应的服务，给游客以方便、舒适的体验。

四、注重安全性

在关注游客体验的同时，应关注神农架生态旅游项目和中医药康养旅游产品开发的安全性。首先，在产品开发初期就要制订安全保障方案，反复、严格检验相关项目的可行性和安全性，动态监测基础设施的承载力。其次，在旅游开展过程中，要对产品开发进行针对性的食品安全、消防安全、卫生标准的监管和调查，在保障生态资源安全的同时，保障游客的游览安全。另外，还需要与当地的消防、卫生、公安、交通等执法部门和相关职能部门密切合作，形成合力，为神农架生态旅游项目和中医药康养旅游产品的开发保驾护航，确保其能够顺利开展。

五、提升开发中的联动性

一是充分利用区位优势，注重整合周边旅游资源。促进与鄂西片区的众多著名景区联合，实现资源共享、线路互联，共同推动旅游的发展，开辟出多日游、多类型的路线。例如，游客在观赏完恩施大峡谷的山水风貌后，可以体验宜昌三峡的自然与工业结合的魅力，之后再深入神农架体验神秘与原生态的森林。这样景区将可以互相促进、互相补充，使旅游线路更加丰富，具有更大的吸引力，最大化地满足各种人群的多样化需求。另外，在宣传效果上也能造成规模效益，打造鄂西生态旅游和中医药康养旅游圈，促进旅游品牌的区域化。

二是将区域内动植物和地质资源充分利用起来，深入融合科教。对于中小学和各大高校的自然科学及地质地理类的学院来说，神农架可以作为其科普教育基地，组织青少年或高校学生举办夏令营、研学和考察，为相关学子提供实地调查的条件和场所。这样就能在发挥科普科考功能的同时，为神农架生态旅游项目和中医药康养旅游产品的推广和营销提供新的渠道。

第七章　案例研究：武汉叶开泰·健民中医药文化游

武汉是"中国四大中药房之一"叶开泰中医药馆的发源地，同时是国家森林城市和中国健康养生爱好者的首选福地。武汉市位于湖北省的东部，长江和汉水交汇处，因唐代诗人李白曾在此写下过"黄鹤楼中吹玉笛，江城五月落梅花"而拥有"江城"的称誉。作为省会城市，武汉的中医药文化深厚。2018 年 6 月 24 日，第四届中华中医药文化大典暨叶开泰中医药文化街区开街仪式在武汉市汉阳区正式举行。

叶开泰中医药馆始创于明崇祯十年（1637 年），距今已有 385 年的历史。叶开泰中医药文化街区是健民集团为光复老字号"叶开泰"、传承中医药文化，斥巨资建设的中医药文化街区。街区内有国医馆、中医药文化博物馆以及叶名琛纪念馆、百草园（公园式中药种植基地）等，吃喝玩乐应有尽有。此街区自开放后就成为武汉及其他地区中医药爱好者寻医问药、旅游观光、亲子活动、假日休闲的好去处。

第一节　现状与特色

近几年，武汉市建成的主要中医药康养旅游项目是叶开泰中医药文化街区。它位于湖北省武汉市鹦鹉大道 484 号健民药业集团公司厂区内，北靠红建街，东至红建路，南临鹦鹉大道，西抵建港中学，总建筑面积近5万平方米。2019年园区总体营业收入达22.4亿元，吸纳就业人数总计1663人。健民叶开泰中医药文化创意产业园区先后被认定为武汉市第一批现代服务业集聚区 – 文化创意设计产业园、武汉市首批特色文化产业园区、武汉市非物质文化遗产生产性保护示范基地、湖北省发布的重要中医药康养旅游线路之一，并被湖北省卫计委、旅游委评为湖北省中医药健康旅游示范区，2020年1月20日园区成功申报国家3A景区。除此之外，武汉市为满足游客康养需求，着力打造了众多健康养老相关主体和机构（表7-1），进一步促进了武汉市旅游业与中医药康养产业的有效融合，使武汉市中医药康养旅游发展氛围愈发浓厚。

表7-1　武汉市中医药康养相关机构汇总表

主　体	项　目	主要功能
特色旅游商品购物店	叶开泰中医药国医堂	中医药康养特色旅游商品购物
	中草药健康超市	
康养度假酒店	武汉江天大酒店	度假康养
中医药康养体验机构	中医药养生体验馆	推拿按摩
	汉阳九州上医馆	
	三好堂中医馆	
	汉方药谷	针灸推拿
	武汉道一堂中医药博物馆	桑拿推拿
	武汉善安四智堂中医会馆	中医诊疗
	余恩堂国医馆	中医诊疗
	仁惠中医馆	中医诊疗

除此之外，武汉市政府为发挥中医药康养旅游品牌效益，吸引广大游客，积极组织、开展了多项中医药康养旅游活动（表7-2），活动类型丰富多彩、活动文化特色鲜明，成为武汉市康养旅游景区有标识性的文化符号。其中，2008年11月就开展了第一期活动的"中医中药中国行"举办历史最为悠久。2018年7月21日，中医中药中国行·湖北省中医药健康文化推进行动启动仪式暨湖北中医大师名师大型义诊活动于叶开泰中医药文化街区盛大启幕。它的主题为"中医药健康你我他"，重点在于宣传普及《中医药法》，进一步传承与弘扬中医药文化，营造全社会热爱中医、支持中医药的良好氛围。此次活动的开展标示着武汉市中医药康养旅游品牌基本形成，并正在成为武汉市最具活力、最具潜力、最具竞争力的新的经济增长点。

表7-2　武汉市康养旅游系列活动汇总表

序　号	康养旅游活动名称
1	健康快乐老年节
2	中国（武汉）国际养老健康产业博览会
3	武汉市敬老爱老重阳文化艺术节
4	硚口区中医药文化节
5	武汉中医药大健康产业博览会
6	中医中药中国行

第二节　精品旅游路线

推荐路线：叶开泰中医药文化街区—健民集团—硚口非物质文化遗产展示中心。

一、叶开泰中医药文化街区

"一个叶开泰号，半部中医药史。"位于武汉市汉阳区鹦鹉大道的叶开泰中医药文化街区在2018年6月正式开街。此街区是健民药业集团耗时4年，于2013年开始布局规划，以跨越四个世纪的中医药老字号"叶开泰"为底蕴建设的集叶开泰非遗文化、叶开泰非遗技艺、中医药传统文化、国家级省级中医诊疗、中医药特色旅游于一身的中医药综合体。占地近5万平方米的中医药文化街区内部主要是白墙黑瓦的徽派建筑，不仅保留了明清时期的古典建筑风格，还彰显了荆楚文化魅力。

1637年，由叶文机设立的"叶开泰"还仅是河街（现汉口沿河大道）上的小药铺；但是到了清朝初期，它就与同仁堂和陈李济并称为中医药界的"初清三杰"；加上后来的杭州胡庆余堂，它们又被并称中国的"四大药号"，以其产品质量高、疗效好以及声誉卓著而蜚声海内外。中华人民共和国成立后实行公私合营，"叶开泰"被一分为三，其制药部分和其他老字号组成了健民药厂、诊疗部被分归到医院、售药部被分归到药店。

叶开泰中医药文化街区现有的经营模式力求恢复叶开泰之前"前店后厂"的传统。前店部分包括国医馆、中医药文化博物馆、母婴护理中心、叶名琛纪念馆和老酒坊；后厂部分则主要是全国小儿中成药精品国药生产基地、古法炮制技艺传承基地、百草园和健民集团儿童药物研究院等。

叶开泰中医药文化博物馆是武汉开放的第一家中医药文化博物馆，以300年历史的中医药老字号"叶开泰"为底蕴，是集非遗文化、非遗技艺、中医药传统文化、国家级省级中医诊疗、中医药特色旅游于一身，融古色、古香及古韵为一体的中医药综合体。该博物馆共分成五大部分，从不同的角度展示了中医药的特色和文化。博物馆内收藏着我国不同历史时期的中医药文物、医药和医学相关书籍、字画、腊叶标本以及浸渍标本、贵细药材标本和院史文物等。叶开泰中医药博物馆运用现代化的展陈语言和科普的表达方式展示了中医药发展历史。历史文化展厅对叶开泰过去近四百年的发展史及文化等方面进行了具体介绍。产品展示厅内展示了"健民"和"龙牡"两大著名商标的主打产品。在非遗技艺厅中，手工泛丸、九秘膏方和四制老酒的古法工艺都被一一展现。中医诊疗、中医针灸以及中医养生的历史与内容也得到了呈现。另外还有药学本草展示，主要介绍中药的历史、中药的炮制和中药方剂的知识，并呈现近代中医药发展的历程。最后还以三世医学为纲，详尽展示了中医药几千年发展的宏伟画卷。湖北省卫生健康委员会给叶开泰中医药文化博物馆赠与的"李时珍《本草纲目》金陵初刻本古籍善本一套"以及上海市中医文献馆馆长贾杨先生赠与的文物古籍等也都在馆内展出。在博物馆里，人们可以寻迹中医药文化的历史脉络，感受百年中医药招牌背后熠熠生辉的历史故事。

叶开泰国医堂作为街区前店最重要的元素与叶开泰中医药文化博物馆以及叶开泰生活坊、叶开泰老酒坊和健民新世纪大药房充分联动，以"医求本、药在精、人无欺"为理念，提供中医诊疗、康复理疗、古法煎药、丸散膏丹古法炮制、名医讲堂、中医旅游等各项服务。

叶开泰中医药街区以"让中医药回归为生活方式"为目的，致力于把中医药文化、叶开泰企业理念和健康生活方式进行充分融合。"药食同源"产品是这里的一大特色。严选药食两用正宗中药材，利用现代先进制药技术精制而成，保留天然药材初始的生物活性的同时，满足了消费者对口感及颜值的高要求。四制老酒、九秘膏方、健康视频、草本养生、医药香囊等各种文创产品深受游客青睐。游客在街区内可体验药酒、药膳、药饮等特色产品，观摩药酒的浸、蒸、熬、酿传统炮制技艺与中药传统制作过程，还可亲身体验中药制作技艺，体会中医药文化的博大精深。街道两旁种植了百余种赏心悦目且具荆楚特色的道地药材，园中长廊顶部手绘叶开泰传说故事和特色中药材科普图片，在欣赏美景之余，游客可以感受到中医药发展的欣欣向荣。

2021年6月19日，武汉市汉阳叶开泰中医药文化园迎来了开园3周年。现场有40位省市级中医专家进行免费义诊。当日，近2 000名市民走进叶开泰中医药文化园，体验中医药文化。三年来，叶开泰中医药不断向社会交出成长答卷。推广千年中医，传承中华文明，叶开泰不仅是中医药文化的百年传承者，更是实践落地者、文旅产业先行者。叶开泰更是将中医文旅的路线坚持到底，这也使之成为首个中医药文化博物馆、武汉首个国家3A级中医药文化景区、武汉最大体量的中医馆，成功被选入第五批国家级非物质文化遗产代表性项目名录扩展项目名录之中。

二、健民集团

健民集团位于武汉市汉阳区鹦鹉大道，其前身是中国最古老的有着四大中药名店之一地位的叶开泰药店，至今已有将近四个世纪的历史。长期以来，健民集团传承着"修合虽无人见，存心自有天知"和"虔诚修合，遵古宜今；寿世健民，崇德贵生"等相关理念，发展了这一中国著名医药品牌与优质上市公司。集团目前拥有十多家子公司，融生产、科研和经贸为一体，年生产能力高达近十亿元，拥有"健民""龙牡""叶开泰"三大品牌。公司被选入"中国最具价值品牌 500 强"，并且其综合实力已跻身全国医药企业百强之列。健民集团以中药创新为特色，深耕儿童用药和儿童大健康领域，构建大健康服务产业，从药品主业稳步向中药诊疗、中医药文化传播，中医药健康旅游等领域拓展，形成了以中医药为核心的大健康产业集团。

要想了解健民集团，就要先了解它的历史。健民集团历史悠久，始创于明崇祯十年（1637 年），原名"叶开泰"。1953 年 6 月 1 日，叶开泰被改造成武汉健民药厂，并且在 2004 年的时候于上海证券交易所上市。集团在 2005—2015 年进行较频繁的股权收购计划，使公司合并范围不断扩大，收入规模进一步加大。2009—2019 年健民集团连续被选入"中国最具价值品牌 500 强"，其主打产品龙牡壮骨颗粒属于一级中药保护品种，主要用于治疗儿童不爱吃饭、发育迟缓、夜惊多汗等问题，也可用于儿童补钙。上市 30 多年来，龙牡壮骨颗粒创造了累积销售 300 亿袋，健康三代人的奇迹。2020 年，龙牡壮骨颗粒因具备其科技创新、临床疗效以及市场份额和行业影响力而获得《医药经济报》"十三五中国医药科技标志性成果"的奖项。2020 年公司营业收入 24.5 亿元，创历史新高。

在新时期，健民集团胸怀"健天下，民为贵"的崇高使命，为消费者守护健康。近期"叶开泰传统中药制剂方法"入选国家级非遗名录，无疑让"叶开泰"这块传颂了近四百年的金字招牌愈发熠熠生辉。

三、硚口非物质文化遗产展示中心

坐落于武汉硚口区长安路江城壹号文化创意产业园内部的硚口非物质文化遗产展示中心，在 2021 年 7 月正式开馆。据了解，这是武汉市第一家非物质文化遗产博物馆。展示中心建筑面积共计 1 480 平方米，分为展示厅、互动体验厅、多功能厅以及大师工作室。展示中心囊括了硚口区 16 个国家级、省级、市级和区级非遗代表性项目，融展示展演、传承保护、研究开发等为一体，采用传统与现代相结合的设计风格，借助声、光、电以及多媒体模拟场景,搭配动画,多视觉、全方位呈现硚口非遗文化,凸显出硚口区资源丰厚、特色鲜明的特点,呈现商贸文化特征。

硚口非物质文化遗产展示中心开设有 3 个非遗"大师工作室",木雕船模传人龙从发、苏恒泰油纸伞传人苏峰、叶画创始人刘义桥常年在这里创作。其中木雕船模是武汉特色鲜明的一种传统雕塑艺术,被称"镇馆之宝"。这种艺术开创于清朝末期,距今已有百年左右的历史,宜昌艺人龙启胜于民国初年开设小作坊进行船模制作,历经五代人的传承和发展,慢慢形成了独具特色的船模技艺,并在武汉地区得以流传。武汉木雕船模是按照特定的比例模拟制作各种木船,工艺精美绝伦,刻画细致入微,造型形象逼真。整个制作过程分为设计、出料、放样、船体制作、零部件制作、髹漆、装配等工艺环节,"镂空精梭"以及"精工制模"更是全套技艺的精华,前者把传统的单面梭发展成双面梭与多面梭,要求镂空的花纹清晰均匀,并且宽度限制在1毫米以内,十分精细;后者要求创造出的模型造型中规中矩,做好无缝衔接,活动的部位开启自如。这些木雕船模不但具有极高的观赏价值,而且能够帮助观赏者借以认识与了解中国舟船的建造技术以及结构样式,具有较高的科学研究价值。

与武汉市现有非遗展示场馆相比,该展示中心特点突出,主要表现为面积大、项目多、功能全、展示新颖。

第三节 问题与不足

一、旅游发展规划不健全

关于康养旅游发展,我国已出台了一些规划准则及康养旅游的发展总体规划,一些康养景区的规划与标准也早已存在,但是政府对康养旅游的认识不深刻,导致关于康养旅游的一些规划与标准仍以旅游的规划与标准为基础,欠缺实际可行性。

另外,康养旅游处于发展初期,欠缺相应的管理经验,因此具体的康养旅游的发展细则及管理制度仍未被提上日程,在已经编制的旅游规划总方案中缺少一些详细具体的规划。这就导致康养旅游项目的实施过程中不规范的干预性过强，有些规划难以落实。政府不仅需要提出大概的建设思路，更应该具体到规划方案的落实，这样才不会有规划与现实不一致的情况发生。

二、旅游配套基础设施不足

旅游业具有与多个产业联动密切的综合性，并且是对基础设施配套要求较高的一类产业，特别是具有医疗和健康保健功能的景区更需要有高质量的配套服务设施作为基础。现今大量存在健康旅游中的中低端产品投入过多，而高端、尖端产品投入不够的问题。武汉市需要借助具备特殊森林湿地条件的疗养地，但这些疗养地大多修建在远离市中心、空气新鲜并且风景优美的地区，配套服务设施还没有完全跟进。针对康养旅游消费者需要更多的照顾和护理的特点，项目所在地必须配备完善的基础设施。因此，康养旅游目的地的高质量、富有人性化和智能化的健康养生型项目的实施仍有待改进。此外，相关医疗机构也应该注重提升自身的服务水平，在语言、保险、报销以及接机等服务方面最大化地契合国际患者的就医习惯。

三、智慧旅游系统落后

新消费形势带来了旅游供给侧改革，原有旅游业态已无法满足现代游客需求，转变旅游业发展模式，强化区域旅游与服务的资源整合，推进智慧旅游、文化旅游、健康旅游等新型旅游业态发展成为必然趋势。顺应人工智能和数字经济发展趋势，推动新一代科学技术融入旅游产业规划和管理中，形成追求差异化、科技感、体验性的旅游产业新模式成为大众需求。现今的智能旅游产业虽然具有很大的发展空间和优势条件，但是智能旅游应用于旅游产业中还不够成熟，对旅游业的进一步发展产生了一定的约束。这就需要旅游业中的相关人员迅速提高素养，在不断的实践过程中逐步探索出智慧健康旅游发展的方向，需要旅游企业合理利用互联网技术来促进康养旅游发展，为其未来的发展注入更多智能化的因素，从而拉动全民消费增长。

四、旅游品牌效用发挥不够

品牌在市场交易过程中所获得的收益能够对品牌的质量进行直接反映，正确的品牌定位有利于品牌的发展。对于旅游品牌而言，争取更多的市场客源是品牌打造和发展的重要目的，通过高树品牌形象、体现品牌个性能够让旅游品牌在市场中获取竞争优势地位。武汉市应该聚焦"品牌"，运用中医药康养的名人效应打造健康旅游品牌，通过中医药健康旅游带动其他产业发展；聚焦"健康"，精准定位中医药康养旅游品牌，营造中医药健康旅游的独特意境，让城市随处可见"叶开泰"的痕迹，使旅游者能够对城市留下深刻的印象。目前，旅游市场的竞争日趋激烈，旅游供给方也逐渐认识到旅游品牌化的重要性。然而，在当前阶段，武汉市的健康养生旅游还未完全实现品牌化。尽管武汉市的养生文化是以叶开泰中医药为核心，但到目前为止还未建立相关的旅游圈，"宜居武汉"旅游仍处于提口号的阶段，项目没有具体地落到实处，没有给消费者带来真实的体验。

五、复合型旅游人才缺乏

现阶段的康养旅游产业还是一种新兴产业，集旅游管理、中医中药等学科于一身，是一门综合性的交叉学科，需要相关复合型的专业人才。当前，武汉的康养旅游发展还处在初级探索阶段，针对康养旅游专业人才的培训、管理机制还不成熟，缺乏行业发展必备的专业人才。与此同时，关于康养旅游工作人员的培训存在不够规范、不太系统、标准不统一等问题；开设康养旅游专业的高校以及进行专业性人才培训的教育机构还较少；现有的康养旅游服务人员英文沟通能力不够，旅游服务专业知识不足，很多旅游行业人员缺少中医药疗养方面的知识，康养旅游专业人才缺口较大。

第四节 改善建议

一、制订康养旅游规划

武汉市在进行康养旅游全方位的规划时，应该强化政府的引导作用。首先对于国家与湖北省出台的相关助推康养旅游发展的政策措施需要加速研究与有效利用。其次，武汉市政府应该根据当地的实际情况推出促进康养旅游发展的相应政策，内容可以包括招商引资、康养旅游项目用地和康养旅游市场秩序等各个方面。除此之外，康养旅游存在快速发展的情况，应该运用全新的思维方式重新定义及评价武汉市康养旅游发展的利好条件，并且把全要素融入武汉市康养旅游的具体规划当中。在进行全方位旅游规划时，要坚持"以人为本"的原则，合理利用武汉市康养旅游资源，并进行差异化定位，创造出具有竞争优势的武汉市康养旅游产品以及精品路线，运用集中武汉市康养旅游利好资源、土地集约和项目集聚的模式，建立一批康养旅游集群，也就是以叶开泰中医药文化街区为中心的中医药康养集群、以云雾山和九真山森林康养旅游产品为中心的森林康养集群、以归元禅寺为中心的宗教文化康养集群和以汤泉宫为中心的温泉康养集群，积极开辟康养旅游产品，使武汉市成为湖北省乃至中国健康旅游的首选之地、优选之地和必选之地。另外，武汉市各个行政部门应通力配合，形成步调一致的规划方案。关于方案的管理和执行，武汉市应将多方管理转变成综合管理和综合执行。

二、完善康养旅游基础设施

完善的基础设施是目的地旅游产品的数量和质量得以提升的保障，所以武汉市康养旅游发展时，在对相关产品进行大力开发，增强其体验感的同时，需要加大对基础设施的投入，特别是体验类项目的相关基础设施以及配套设施等。比如，为中医药温泉养生旅游区域的泡池区、休息区和按摩区等的相关设施设备提档升级；改良制作药膳、药酒、药茶、药膏和药饼等的相关设备；及时对中药材种植观光体验园区的道路、交通、标识标牌、路灯、水电以及通信等设施设备和配套设施进行提升与建设。与此同时，武汉市应该加强中医药旅游的信息化管理，积极推进对信息管理基础设施和相应设备的安装改造，搭建中医药旅游综合服务平台，提升服务功能，满足旅游者的个性化诉求。

三、进行康养旅游市场全角度营销

首先，建议结合游客需求打造武汉市康养旅游主题形象。文化和旅游部调查数据显示，外出旅游的游客中，女性略多于男性，年龄层次集中于中青年，职业类型以公务员、事业单位人员、企业职工、个体经营者为主，出行方式以与家人出游、与好友结伴出游、个人出游为主，大多喜欢自驾游。因而，武汉市在康养旅游城市形象名片设计过程中要精准定位这些游客的康养需求，增强针对性和吸引力，同时充分利用武汉市的区位优势，依托发达的水陆空交通与周边县市联合开发康养旅游组合游线，实现优势互补，提升区域竞争力。

其次，文化和旅游部调查数据显示：游客获取旅游相关信息的途径以新媒体（公众号、微博、抖音等）、旅游网站、他人推荐为主，也有电视广播、旅行社等其他途径。鉴于此，武汉市可以运用"网络为主、直接口碑为辅"的多渠道宣传方式，如结合旅游和影视剧、短视频等媒介，宣传武汉市康养产业的特色和优势，拓宽社会知名度；在市文化与旅游部的官方微信和微博公众号上设立专栏，宣传武汉市作为"东方水都，宜居武汉"的基本情况，以及百岁老人数、人均寿命、生态环境、水质等康养方面指标；依托武汉市各类生态农特产品的外包装、快递外包装表面积大的优势，将武汉市康养旅游精华景区（景点）印在各种包装上发向全国各地。

最后，武汉市旅游管理部门和旅投公司要建立专门的康养旅游营销专业队伍，发挥营销主力军作用。针对上海、广州等地群体到武汉市休闲度假养生人数多的实际状况，不断提升服务质量及水平，发挥口碑营销作用。同时，经常推出一些康养旅游促销措施，如发放康养旅游体验券、优惠券等，吸引潜在游客。或者在康养旅游淡季推出价格优惠的门票，以调节淡旺季旅游者流量，间接推助旅游景区服务水平的提升，进一步提高旅游者的重游率和推荐率。还可以充分利用每年重阳节组织兄弟市文化和旅游部门负责人、新闻媒体记者赴康养目的地体验服务，感受武汉市好山、好水、好风光的独特魅力，通过他们的妙笔文章、微信朋友圈吸引更多的人到武汉市养老养生，带动周边群众增收致富。

四、加强康养旅游人才培养

武汉市康养旅游发展还处于起步探索阶段，强化康养旅游人才培养和引进的任务迫在眉睫。特定的专业人才是康养旅游得以发展的重要后盾，人才主要来源有以下三个方面：利用本地教育资源、加强旅游企业培训及吸引外地专业人才流入。

在教育资源方面，中国每年旅游专业的专、本科毕业生在35万左右，这种层次的学生大多兼具专业知识与操作能力，综合实力水平较高，若加强和康养、医疗企业的合作，根据武汉市发展政策增加康养旅游相关的选修课程，补足康养知识的短板，其毕业后便只需要稍加培训即可迅速上岗，满足岗位需求。另外医学院的学生需要建立网络平台或通过国际交流等形式与北京协和医学院、杜克大学及哈佛大学等高校实行资源信息互通、学习互助，从而发展成为生物医药研发、医疗器械开发及高级护理等医疗领域的专业人才。

在企业培训方面，武汉市应制订康养专项规划，建立康养培训基地，开设康养培训课程：对于具有本科及以上学历、三年以上的管理经营人才，重点培养他们的健康养生知识；对于直面旅游者的康养旅游从业人员，应该规范和巩固其医疗保健流程，着重进行服务、营销及管理理念的培训。

此外，要积极吸引具有国际视野的国内其他地区和国外康养旅游高端人才，借用高校资源引进行业专家，制定具体的福利政策，为高层次康养旅游人才提供基本待遇、补助及相关保障，减少人才流失。由于国内的康养旅游还处于起步阶段，武汉市应多举办国内外学术研究交流活动，增加自身与国际交流学习康养旅游开发管理的机会。

武汉市作为国际性大都市，入境旅游人数众多，具有一定规模的中外合资的酒店、旅行社数量也较多，完全可以利用这些有利条件进行跨国交流，学习国内外先进的旅游管理经验和康养旅游开发理念，使武汉市康养旅游加入国际康养旅游业大环境，有效缩短探索周期。

五、提升康养旅游智慧化

"康养旅游＋未来产业"的发展模式是康养旅游高质量发展的必经之路。目前，武汉市康养旅游与科技融合程度较低，而游客又对智慧化具有极大的需求，因此在"智慧旅游"的大背景下，武汉市应以提升游客的体验感受为出发点和落脚点。比如，在当前的"康养旅游＋未来产业"发展的初级阶段，武汉市应将数字化引进游览全程，通过微信小程序、App、网站等端口进行网络订票、网络查询、电子地图导览、网络购买纪念品等，形成智慧旅游生态体系。尤其在疫情防控时期，"预约旅游"可实现流量控制、人员信息记录，不仅能够协助景区进行疫情防控期间的有序游览，还可以对游客进行更为精细化的服务。另外，还要重视未来科技的应用，开拓旅游游览新方式。比如，鼓励景区采用人脸识别、指纹识别、智能导览、信息咨询等功能，增进用户体验；通过导航定位、危险预警等紧急救援的应用进一步保障游客旅行的安全；通过可穿戴的智能设备监测游客的身体健康状况，帮助游客健康出行。总之，康养旅游与未来产业的融合发展将带领康养旅游走上技术革新的高质量发展之路。健康产业同旅游产业相结合已然成为一个重要的发展方向，医疗技术、健康资源的大健康旅游模式将迎来黄金期，人们对中医药疗养的重视、宁静旅游环境的追求、温泉疗养等度假方式的需要都将在"旅游＋大健康"的融合发展模式中得到满足。

武汉市应以健康目标为引导，以绿色环保为基础，孵化健康旅游新业态模式。根据武汉市中医药资源优势，开发"中医推拿服务""中医针灸服务""中药食疗服务"等健康服务产品；依托森林生态资源，通过优化布局，创造环境秀美、生态协调的自然共生式住所；开发融休闲养生、康复疗养、绿色食疗等为一体的旅游康养项目或小镇，使其成为广大游客休闲度假的去处。

第八章 案例研究：宜昌夷陵·大老岭
中草药养生游

　　根据统计数据，早在 2009 年，我国的中药大健康产业的产值就达到 7 000 亿元。随着政府的支持力度加大，健康消费势必会迎来爆发式发展。中草药是中国养生文化的宝贵财富，中草药健康产业必将进入快车道。中草药在预防、保健领域都有得天独厚的优势，再加上近些年政策对中草药发展的扶持，这些都为中草药健康产业的未来发展提供了机遇。中草药学的特征正好同医学中"强调防重于治，提倡养生保健"的基本发展方向高度吻合，中草药产品的研发和生产前景广阔，契合大健康理念，产业带动效应好。中草药产业化是一个十分复杂的工程，产业化过程中重要的环节在种植这一源头。实践表明，中草药种植产业的规范化能够带动整个中草药产业链朝着良性、持续性发展，创造更高的收益。

第一节　现状与特色

　　当前，围绕着"中药材＋深加工""中药材＋旅游康养"以及"中药材＋大健康"，宜昌正不断探寻"中药材＋"的产业融合发展路径。该市夷陵区恒安芙林药业的中药配方颗粒项目、长联杜勒冻干粉针剂项目以及高新区白洋产业园人福医药原料药生产基地等很多新建项目正在加速打造，除了夷陵区平村众赢中医药大健康项目之外，五峰、长阳和兴山等地区不断探索"中药材+"的融合发展方式，"三峡药谷"变成了宜昌"两山"引领高质量、绿色、生态发展的新发力点。

近些年，夷陵区大力打造包含生物医药产业在内的六个百亿级产业集群，通过发布激励政策，落实创新驱动战略，支持新兴产业，吸纳了一批高质量生物医药产业项目落地。当前已经拥有了 8 家生物医药产业企业、3 家规模企业，和 1 家上市培育期企业。生物医药产业年产值近 5 亿元，税收接近 7 000 万元。主要产品涉及制剂制造、中成药和中药饮片加工、生物药品、卫生材料及医疗器械、生物制造等领域。建有各层次研发中心、实验室 12 个，研发人员近 200 人，科技研发成果 90 多项，拥有各类授权专利近百项。夷陵已成为生物医药产业发展的沃土。

2019 年 10 月 9 日上午，宜昌市夷陵区政府和平村众赢（湖北）药业有限公司举行了"中医药大健康产业合作项目"签约仪式。该合作项目总投资 1.37 亿元左右，其中固定资产投资有 0.4 亿元，建立了中药饮片和药食两用食品加工车间及仓储，新上中药材深度加工生产线以及药食同源大健康食品生产线分别各 1 条。预计到 2023 年项目建成投产后，年产中药材原料以及药食同源大健康食品将达到 2 万吨以上，将获得 5 亿元以上的销售收入，上缴税收达到 5 000 万元以上，提供的就业岗位有 400 个左右，中药材基地面积达 26.67 平方千米。项目建成后，能助力夷陵区生物医药产业壮大产业规模、优化产业分布格局、完善产业发展链、提升发展质量，成为中草药发展以及生物医药产业新的增长点。

2020 年 5 月 13 日，宜昌百吉生物科技有限公司总经理王钧代表公司参加夷陵区 35 个招商引资重点项目的集中签约仪式，并就中草药提取纯化项目与夷陵区签订框架协议。该项目计划总投资 1.03 亿元，用地面积约 4 333.33 平方米，新上中药材及其他植物中间体提取、纯化加工、食品添加剂等精细化工产品生产线，预计年处理中草药及其他植物类原料 300 吨，实现年销售收入 3 亿元，上缴税收 6 000 万元以上。

夷陵生物医药产业园作为全市生物医药产业"2+4"模式布局的重要载体，具有集聚中药产业，着力发展中药配方颗粒、中药饮片加工以及中药口服和特色化学制剂、特医食品、特色保健品等产业，创建独具特色的"三峡药库"

的重大使命。夷陵区生物医药产业整体处于培育阶段，目前共有 18 家相关企业，其中规模较大的就有 13 家，生产的产品主要涉及制剂制造、中成药与中药饮片加工、生物药品以及卫生材料及医药用品和生物制造等领域，涌现出恒安芙林、长联杜勒等老牌企业，以及蓝谷中微、百吉生物等科技型企业。全区生物医药规模以上工业总产值 13 亿元，初步形成了以化学制药、现代中药、医疗器械为主导，以生物制品、保健食品、药用包材为补充的产业发展格局。

2020 年，夷陵区委人才工作领导小组办公室发布了《夷陵区支持生物医药产业人才发展若干措施（试行）》。其中指出：为深入实施生物医药"百亿产业"发展战略，加快对接国家火炬特色产业基地建设，推动生物医药产业人才集聚，在"支持人才发展十条措施"的基础之上，针对生物医药产业中的重点企业，制定专项支持措施。夷陵区中药材资源富集，药材品类多样，产业的前期基础较好，具备发展特色生物医药产业天然的优势条件。

第二节　精品旅游路线

推荐路线：太平溪镇—大老岭—高岚村—昭君镇。

一、太平溪镇

太平溪镇南依三峡工程，北向神农胜地，坐拥高峡平湖，遥望屈原故里。镇域内平湖面积有 20 平方千米，拥有 5 条支流：靖江溪、百岁溪、林家溪、太平溪和端坊溪，境内还有近百个半岛和湖心岛。高峡、平湖、半岛、茶园和翠山共同孕育出一片秀美、神奇、惬意的养生之地。这里平均海拔 500 米，年平均气温 16.2℃，年平均降水量 1 200 ~ 1 400 毫米，森林覆盖率高达 83%，有着 3 000 多年的茶叶种植历史，是湖北省名副其实的"早市茶之乡"。太平溪镇巴楚文化交错，历史遗存丰富，境内有覃家沱和路家河等周代遗址，拥有望氏宗祠和盘古庙等文化古迹。这里的栾师傅手工茶和夷陵地花鼓等省级非遗也备受瞩目。

中国最美村镇组委会在调研时发现，太平溪除了空气、水质和森林覆盖率达到了一定的标准之外，还具有得天独厚的区位优势。一是"靠坝"，紧靠三峡大坝；二是"近闸"，紧邻五级船闸；三是"临港"，坐拥三峡旅游港口——太平溪港；四是环库，环绕三峡水库。从交通区位看，太平溪镇处于三峡大坝坝头库首，是长江中上游游客和货物的重要集散地，出港公路直接与三峡专用公路和宜巴高速连接，处于市区半小时经济圈内。从经济区位看，太平溪镇属于夷陵区五大中心集镇之一，是宜昌市区规划的13个城市组团之一，同时还处在鄂西生态文化旅游圈与长江三峡国家级风景名胜区的叠加核心区，周边有三峡大坝、三峡人家、神农架、清江画廊等众多5A级景区和大老岭国家森林公园，旅游区位优势独特。此外，太平溪镇在历史积淀中形成了自己多姿多彩的文化特色：渔家文化、移民文化、禅茶文化等，地方舞蹈种类丰富，如地花鼓、渔鼓、舞龙、舞狮、莲湘舞、腰鼓舞等，是闻名全省的"民间舞蹈之乡"。

二、大老岭

大老岭地处西陵峡北岸，向南 7.5 千米即是三峡大坝库首，是长江一级支流香溪河与百岁溪、乐天溪共同的发源地，从三峡水库水面往上延伸，分布着多类亚热带北部山区特有的珍稀植物群落和一大批国家重点保护物种及地方特有物种，是湖北省三峡地区首家国家级森林公园，距离宜昌中心城区78 千米，与三峡大坝相距 50 千米，有近 33.33 平方千米原始森林。自然的野性在大老岭表现得淋漓尽致，生态保存完好，珍稀动植物荟萃，这让它被誉为"三峡明珠"。公园内生长着包括红豆杉和珙桐在内的 38 种国家级重点保护植物，生活着林麝、豹等 26 种国家级重点保护动物，被称为"植物宝库""动物乐园"和"绿色基因库"。景区内名贵中药材众多，有景名曰药王溪，相传神农曾在此景区采药尝百草。大老岭处于湖北省"一江两山"旅游发展规划的中心与长江三峡同神农架两条黄金旅游线的汇合之处，是一个风景秀丽，环境幽静的旅游避暑胜地。南部与"中国有机茶第一乡"邓村乡相邻，西部与屈原故里接壤，北部与昭君故乡相望。大老岭国家森林公园的主峰天柱峰海拔高达 2 008 米，是三峡大坝库首最高峰，向来就有"三峡云顶"之美誉。

大老岭的野生中草药植物资源总共达 150 科 542 属 1 004 种，其中蕨类植物有 21 科 35 属 53 种，裸子植物有 6 科 10 属 14 种，双子叶植物有 110 科 421 属 826 种，单子叶植物有 13 科 76 属 111 种。这些中草药物种的科、属、种分别占到大老岭维管束植物的 96.8%、85.3% 与 72.1%，占三峡库区中草药植物资源的百分比分别为 86.1%、89.9% 与 89%，占湖北省中草药植物资源的比值分别是 59.8%、50% 与 32.3%。由此可见，大老岭地区中草药植物资源具有巨大的开发和发展潜力。

三、高岚村

高岚村东距宜昌 100 千米，西距神农架 90 千米，坐落在宜昌至神农架黄金游线要道上的兴山高岚"十里画廊"，因其"山奇、峰秀、石异"的独特风光闻名于世。2019 年 12 月 31 日，高岚村被选为第二批国家森林乡村。这里享有"山高水长、宛若仙境"的优势，在全力做好卧佛山、将军柱、朝天吼、红石笋以及骆驼峰等"前十里画廊"开发建设的同时，继续进行了孔雀谷等"后十里画廊"项目的开发。当地 500 多户村民中有的建起了农家饭庄，为旅游者提供风味小吃；有的种植山杏、核桃和猕猴桃等山珍果品，将其出售给各地旅游者。高岚村现已成为宜昌至神农架黄金旅游线上的重要节点。

高岚风景区山奇水秀，是湖北省"一江两山"重要旅游干线的关键节点，沪蓉高速直达景区，交通十分便利。景区自然风光和原始生态保存完好，旅游资源丰富，被称为"世外高岚"，属于国家 4A 级景区。主要经营项目有水上娱乐、越野赛车、游乐探险、休闲观光、研学旅行及户外运动，属于综合性景区。2018 年 3 月高岚风景区被评为宜昌市第一批研学旅行基地，2018 年年底被国家水利部评为国家水利风景区，2019 年被湖北省美术家协会授予"艺术采风与写生基地"的称号。

位于高岚村的朝天吼景区以朝天吼漂流为核心项目，是融水上娱乐、赛车、探险等户外运动以及休闲观光为一体的综合性景区。这一景区同样位于湖北"一江两山"黄金旅游干线的关键节点，景区与宜昌市相距 60 千米，与神农架相距 90 千米，离昭君旅游码头仅有 23 千米。其中的朝天吼漂流全长达 6.5 千米，落差有 148 米，流经卧佛山、八缎锦、将军柱和朝天吼等景观。激流所到之处乱石穿空、惊险刺激；全程山清水秀、石美洞异、古朴原始。朝天吼景区的重要旅游项目除了朝天吼漂流项目之外，还有朝天吼观光、赛车场以及飞索、玻璃水滑道、亲子乐园、房车露营基地与户外拓展基地等。

四、昭君镇

昭君镇隶属于湖北省宜昌市兴山县，地处兴山县中南部，东部与黄粮镇接界，南部同峡口镇连接，西部与高桥乡毗邻，西北边与南阳镇和古夫镇接壤，行政区域面积 143.72 平方千米。其地处大巴山余脉、巫山山脉之间，四面环山，中间为河谷地带，属喀斯特山地地貌。境内最高点为万朝山，海拔 2 253 米；最低点为香溪河面。2011 年，昭君镇有 209 国道、312 省道、252 省道贯穿境内。209 国道镇内长 22 千米，312 省道镇内长 12 千米。村公路总长 240 千米，其中公路硬化总里程 110 千米。2011 年末，镇区临时客运站 1 座，日发客运 45 班次，日均容量达 2 000 余人。

昭君出塞是民族团结的一个典型范例。千百年来，人们根据昭君出塞的故事创造了很多优秀的文学艺术著作，在历史长河中传承、沉淀了以和亲、和睦、和善、和美、和谐为核心价值的和美文化，汇入儒家文化的宝库，符合中华民族发展的精神诉求，与当今中国所提倡的和谐社会一脉相承，顺应了时代发展要求。王昭君心怀大志，为民族团结做出了杰出贡献，这使广大民众对昭君故里的整体环境给予了更多关注。昭君出塞将个人婚嫁提升到了民族团结的高度，她本人已经脱离了仅作为个人的概念，成为国家民族、社会经济以及政治文化大交流和大融合的艺术形象与文化符号，在丰富国家文化库并且对社会产生深远影响的同时，反过来对提高昭君故里影响力和地域文化构建产生了积极的促进作用。昭君故里的人们把地方人文、自然景观同昭君紧密联系在一起，营造和谐的社会文化环境。香溪河发源于神农架，是昭君故里的第一大水系，从北至南纵贯兴山县，在西陵峡处流入长江。香溪河蜿蜒曲折，水质优良，青山绿水、奇花异石交相辉映，美不胜收。这条美丽的河流哺育了美女王昭君，从古至今，香溪河一直备受人们的赞颂。民间相传，用香溪河的水洗脸之后会变得像昭君一样美丽动人。出于对昭君的崇敬，这里的人们又将香溪称为昭君溪。在昭君出生之地有个昭君村，村里修有昭君宅，村前立有 1 座牌坊，上面留有历代文人赞颂昭君的诗文。中华人民共和国成立以后，人们将昭君宅进行了整修。此宅分为前后一堂两院，前院是昭君家人的生活区域，里面有榨房、庖房、酒坊和粮仓等手工作坊。后院中堂是宣诏堂，也就是昭君当年中选美女，接收传令使送达的诏书之地，院中还建有戏台和昭君村文物展室。建筑坐北朝南，体现鲜明的轴线关系，契合了中国传统的安稳、踏实、幽静的文化内涵。以香溪河为主线，以昭君宅为中心，当地民众采取多种方式将王昭君高尚精神和高大形象同地方文化建设与旅游开发联系起来，进一步提升了昭君故里的文化浓度与魅力。这些都成为兴山县被命名昭君镇的重要依据。整体来说，昭君精神对湖北西部生态文化旅游圈创建具有积极的助推作用。

第三节　问题与不足

一、景区与管理部门的配合度不高，行业标准不完善

长期以来，旅游行业的管理中存在着"权责不统一""多头管理"以及"主管机构弱"等现象。"食住行游购娱"传统旅游六要素分别由不同的行政管理部门掌管，旅游发展中许多极其重要的景区资源也都是由多个部门分别管理，大老岭的情况也是如此。首先，大老岭目前尚未形成统一的市场和专门的管理机构，行业标准有待继续完善。其次，中草药养生旅游从根本上说当属于高档的，需要进行医药配套的保健旅游，但是现阶段以观赏和疗养为主，水平不高，在硬件设施和服务能力方面还有较大差距。最后，当前很多的中草药相关的配套设施规模普遍偏小，大老岭地区富有特色的中药材与中医养生精髓还未得到充分挖掘。中草药养生旅游是"中草药＋养生旅游"的跨界和融合，既是对中草药延伸于旅游业的扩展，又是未来大健康产业发展中的新蓝海。要想开发好这片蓝海，就需要在大力发展的过程中以中草药资源为核心，以康养旅游为支撑，充分发挥"政产学研用金"的优势。但是，目前各景区在中草药同健康旅游融合发展的进程中还存在许多问题，走了不少弯路。现今，大老岭的中草药养生游主要是单一的中草药和旅游的"植入式融合"，也就是主要宣传大老岭的中草药，旅游者来此以观赏为主，但这种偏重景观观赏的形式并不能在旅游者心中留下深刻印象。除此之外，大老岭缺乏规范化的管理制度和标准化的行业准则。作为一种新兴旅游产业，中医健康旅游在行业服务人员资格准入和旅游景点认定上没有较为系统的判定标准，这就使部分地区出现了不规范的健康旅游服务，如以提供养生保健服务为噱头进行不合理收费，劣质或无效的保健品堂而皇之地在这些地方销售。

二、养生游特色不鲜明，服务质量不高

大老岭蕴含丰富的中草药资源，但是在开发方面缺乏一定的引导，在挖掘中草药资源的过程中，没有充分重视资源同养生的匹配度和适应度的问题，脱离了自身的资源优势，其养生特色难以突出。旅游产品是旅游活动的主要吸引物，养生旅游重在体验产品。我国养生旅游主要借助旅游环境与文化的发展，养生本身是一项复杂又漫长的过程，需要生活与工作的协调以及饮食、营养、健康等多方面的结合，需要考虑不同消费群体的不同需求。根据调查，我国目前能够提供的中草药养生游服务产品主要为参观中草药种植基地、中医药博物馆、老字号中药店、中药厂以及中医院；到知名的中医院、药店和老中医处观摩中医诊治；购买当地名贵中药材、常用中药饮片、特制药方以及中成药；参与中医保健知识讲座，跟学传统健身操；品尝药膳、药饮和药酒；感受穴位按摩、中医浴足和中医理疗等；参加中草药会展。当前，大老岭中草药养生旅游市场常见的是单一的养生或单一的观光市场，两者交互作用难以达到预期效果。中草药养生旅游市场上产品雷同的现象大量存在，不能做到立足自身特色的中草药养生游早晚会被市场淘汰。

三、缺乏中草药和养生旅游的复合型人才

人才是中草药旅游开发的保障。当前，旅游目的地建设面临的问题主要是游客过少、管理混乱或项目不足。游客少很大程度是因为营销没做好，缺少旅游营销人才；目的地治理混乱，市场秩序差，与缺乏行政管理人才密不可分；招商乏力，业态低端，要素不全，很多时候是缺少旅游项目策划和招商人才。可以说，当前旅游目的地建设中面临的许多问题从根本上讲是旅游人才不足的问题。大老岭地区真正掌握了中草药旅游知识的专业人才非常有限。通常是懂中药的人不懂旅游专业知识，而懂得旅游知识的人不甚了解中药相关知识，两者之间难以达到一种完美的结合。拥有一批具有高服务意识与专业服务水平的队伍是大老岭迫切需要解决的问题。在具体的人才类型方面，其主要缺乏建设规划型人才、实干技术型人才、高层次运营管理型人才、智慧化建设型人才、金融型人才。其中，高层次运营管理型人才的缺乏一方面受限于大老岭旅游景区工作环境及发展空间的客观因素，人员流动频繁，招不来人才且留不住人才，另一方面受景区淡旺季及运营成本影响，基层人

员素质参差不齐，给管理工作带来了较大的难度，如在旺季需要大批工作人员上岗，他们当中不乏零经验、不懂旅游、未曾接受过专业化培训的社会人员，加之旅游旺季游客大批量涌入，为管理者在员工培训和经营活动开展等工作上增加了难度。景区在运营成效方面未能实现实质性突破的原因之一就是其专业运营管理团队及核心旅游项目专业负责人和操盘手的严重缺乏，人才的缺乏使景区运营在产品设计、战略定位、项目导入等管理工作中存在割裂及片面化问题，这在一定程度上使康养旅游发展成效不突出。

四、品牌定位同质化，营销方式落伍

旅游景区的品牌定位是实现品牌化战略的基础。当前，我国很多旅游目的地在进行品牌定位时没有充分挖掘当地文化本源与特色，从而导致其品牌定位同其他旅游区域相混淆。大老岭在中草药康养品牌定位中，有关中草药的功能定位并不清晰，没有具体的特色产品进行支撑，虽然中草药资源丰富，且有不少珍品，但由于大部分游客原本就对中草药相关的知识掌握甚少，加上旅游过程中未能得到足够的知识补给，很难真正认识到这些资源的重要性。而且对于市场中大多数中草药养生旅游目的地来说，其最先宣传的几乎都是中草药，这些通常会使旅游者难以区分，甚至会产生审美疲劳，难以彰显旅游目的地特色的品牌形象。大老岭受资金的局限，在品牌营销中投入不够，品牌营销方式缺乏，宣传方式传统，宣传渠道单一，主要是依靠电视、街头或地铁广告和推介会等常规手段进行品牌推广。这些方式的营销成本较高，营销效果却不佳，难以将营销信息全面地传递给目标受众，制约了旅游目的地的品牌打造。

第四节　改善建议

一、加强与管理部门的深层次联动，完善行业标准

中医药旅游在中国才起步不久，暴露出一些问题无可厚非。政府部门应该制定相应的政策对旅游行业进行规范，使中医药旅游得到更好的发展。例如，从可持续发展理念出发，对中医药旅游市场进行严格规范；加强行业相

关人员的道德培训，增强其服务意识；严格要求相关人员持证上岗；加强药材管理特别是各旅游目的地的土特中药材管理，坚决打击假冒伪劣；规范各旅游景区的服务标准和收费标准；依据公平与效益的原则，保护和鼓励企业之间的良性竞争。大老岭相关部门应积极主动地同当地旅游企业共同努力，确保中草药养生游的蓬勃发展，同时要加强中草药管理部门和旅游管理部门的深层次联动。

中医药养生旅游作为新兴的旅游产业，需要有严格的行业准入与安全监测机制。首先，要对旅游资源实施统一的管理，进行旅游资源的普查登记，更改部分旅游资源的管理权属。其次，对旅游规划实行统一的管理。由政府委托本级旅游行政管理部门对本辖区中的旅游规划实行统一监管，负责编制和执行本级旅游规划，同时对执行情况进行监管。再次，对景区实行统一的管理。由政府委托旅游行政管理部门对本辖区中的景区进行统一的行业管理。最后，对项目实行统一监管。旅游行政管理部门对旅游项目的开发建设是否符合规划要求、发展方向以及空间布局进行监管。提升旅游市场经营管理规范化水平是提升旅游品质、推动旅游产业发展的需要，也是塑造良好营商环境的需要。各经营主体要切实履行主体责任，自觉遵守行业规范，同时在景区规划布局、环境卫生管理等方面下功夫，不断改善旅游市场环境，助力全面提升大老岭旅游整体形象。关于政策制定方面，应该从严把关，并且确保严格落实。规范中医药康养旅游中不同岗位从业人员的执业资质、不同旅游景点的服务标准和收费标准等。与此种旅游活动开展相配套的法律、法规与政策的制定也十分必要。

二、促进中医药与旅游深度融合，打造大老岭中草药养生旅游特色

中医药康养旅游发展需要的是"内涵式融合"，即是将中医药健康旅游作为载体，着重挖掘中医药健康服务特色，积极引入社会资本进行有效投资，凸显旅游产品的复购性与依赖性特点，如此才能实现旅游中长期化、产业稳定化以及融合趋同化。作者认为，中医药康养旅游大老岭发展的切入点是中草药养生同森林康养融合发展。应利用各种途径将森林经济和中草药经济融为一体，摸索跨部门和跨行业的新型企业模式，着力深入推进药旅融合，培育出依托中草药文化，集高端中药产业、旅游休闲养生以及区域联动发展的特色示范园区。比如，平村众赢和百吉生物科技等著名企业应进一步开发与

推广便于旅游者购买和携带的中药胶囊、口服液、保健品以及美容护肤品等；经营酒的企业可以同医药企业建立合作关系，创新出具有不同功效，并且易于旅程携带或者快递的药酒；手工艺品制造企业可以当地的中草药为原料设计并制生产出一批极具特色、美观与实用的小饰品；食品经营商可以创新与中药材相关的零食小吃、药膳调味品、汤料等，并搭配上具有旅游目的地标志的的独特包装。另外，还可以增加一些种植园参观、采摘和简单加工等小规模的各类旅游体验活动，激发旅游者的好奇心，拉动中医药康养旅游需求。比如，在中药材的规范种植基础之上，进一步对中药原料进行深加工，开发出更多种类的、具有地域特色的中药产品，如调料、口服液、养生酒、药膳、保健品、保养品以及护肤品等，这些产品可以逐步发展成为目的地极具代表性的旅游产品；在旅游景点内部可以建立类似"药材观赏园"的园区，使旅游者在观赏和了解各类中草药植物的同时，能够身心舒畅；在景区的餐饮中加入一些药膳，让游客神补与食补共同进行，收到更佳的效果。

特色的旅游产品是吸引游客的基础。因此，大老岭中草药养生游要以资源为依托，运用新思维、新主题、新体验，将创意和体验转化为游客吸引点，体现出"独一无二"的味道，打造和提升养生旅游产品价值。首先，加强中草药文化建设，努力打造一批集科技农业、名贵中药材种植、田园风情生态休闲旅游于一身的养生体验观赏基地。其次，开展养生授课、名医问诊、养生茶和养生药膳等项目，将知识性、趣味性、观赏性、体验性完美结合，使游客在旅游休闲中了解中草药传统文化的精髓及发展历程，增加其养生知识。再次，发挥地方特有山、水、植物、动物等自然资源。最后，要在加强旅游开发的同时，注重中草药养生知识的普及、宣传、教育；开发药浴、沙疗、泥浴等系列项目，以达到吸引游客的目的；进一步延长中药材的产业链，不断提升品牌价值与产品溢价能力；以恒安芙林、平村众赢为链主企业，以百吉生物、下堡坪天麻、三峡灵芝产业园、朱家楼子等企业为产业梯队，实施中药材产业链拓链工程；研究起草全省中药材产业发展资金管理办法及项目申报指南，按照强链、补链、延链的思路，对中药材龙头企业和新型经营主体给予奖补；重点培育，跟踪支持，鼓励企业不断在设备自动化、智能化、数字化等方面改造升级，提高中药材精深加工和就地转化能力；支持企业创新迭代中药材产品，加强高附加值产品研发与生产，不断丰富中药材制品高档特色品类；加强产学研深度融合，发挥专家学者服务团队的智库功能，为中药材产业链"把脉、开方"。

三、支持精准引才

整合现存优势资源，培育多层级人才阶梯智库，要根据旅游资源特征及投资开发的内容确定所需人才类型，选择性对接国家与省级旅游专家库，利用同知名院校与旅游企业的深层次合作，聘请省内外著名专家、知名学者以及企业家作为景区顾问，成为本地区康养旅游发展的"外脑"。值得注意的是，一定要积极主动地加强同这些"外脑"的联系和互动。在确定旅游发展战略、规划和做旅游项目决策时，都应该通过电子邮件、电话或者面对面咨询等多种方式获得专业的智力支持，同时可以在重要旅游项目的申报和评审上寻求帮助，鼓励"外脑"帮忙发声并争取话语权。充分支持与吸纳熟悉当地实情、对旅游发展关心关注或者在本地具有重要影响力的各类人才入库，特别应该发挥乡贤能人的作用，充分调动本土专家的积极性，全面发挥其对资源和环境熟悉的在地性优势，充分运用他们长期以来在当地旅游发展实践中获得的宝贵经验。分门别类地整理技能人才信息档案，着力将优秀的旅游一线工作人员培育成技能人才，对具备一定工作经验与技术水平的旅游工作者进行系统培训，并通过开展"十佳厨师""金牌导游"等类似的评选活动，激励和培育一批高质量旅游技能人才，夯实旅游智库的技能基础。支持定期和不定期的通过现场、电话或者邮件等各种形式召开旅游咨询会和研讨会等各类活动，强化人才之间的互动交流和思想碰撞。

协助企业采取专场招聘、小分队招引、线上招聘等方式解决"引才难""用工难"的困境。鼓励生物医药企业打造实习实训基地，每年安排一批在校大学生到企业实习实训，按照高职、本科、硕士研究生和博士研究生的不同学历情况给予实习实训补贴。支持承办中医药康养旅游发展论坛、学术交流等活动，根据活动规模、层次及成效，每场次给予经费补助。大力培养生物医药产业本土专家人才，在区管拔尖人才和首席专家评选中向中医药康养本土专家倾斜，享受人才津贴、考察疗养、健康体检等待遇。制定"重点人才项目首席服务官"等相关制度，完善产业高层次人才库，明确区级领导"一对一"联系服务，在住房保障、创业落户、医疗配套、子女入学以及家属就业等方面提供便利。

四、实施精准营销，培育养生旅游品牌

目的地应该明确自身的整体形象，确定品牌导向，打造旅游地的特色。重视旅游产品包装，提高产品品牌形象，开展有效营销。加速营销平台建设，在快速提高品牌知名度的基础上控制营销成本。创新营销方式，合理利用手机、博客、微信、抖音以及微电影等多类新媒体开展多角度、多方面和多手段的宣传营销。伴随着抖音、快手等短视频 App 的广泛流行，旅游和养生已经进入网络平台上出现频率最高的词汇之列。短视频录制具有简单、受制因素少、成本低廉等特点，很多旅游景区、地方旅游发展委员会甚至在线旅行社等，纷纷进驻类似的平台开设官方账号。毫不夸张地说，旅游目的地已经正式进入网红时代，短视频成为旅游营销的热门渠道。直播营销目前备受争议，但是从其传播的效果来看很受行业借鉴。直播是目前备受"80后"、"90后"、"00后"甚至"10后"关注的一个行业，有效利用直播的方式大力开发未来主力消费军"90后"市场，培育"00后"市场，能将目的地品牌植入用户心底。可以利用网络名人进行目的地直播，使受众用户感受到现场的氛围和景区的资源，将当地好看的、好玩的、好吃的等一览无余地通过网络呈现出来。精准营销是基于精准定位，利用现代信息技术手段构建个性化的消费者沟通服务体系，实现可衡量的低成本扩张之路，是一种有态度的网络营销理念。为了真正做到精准的定位与沟通，一定要针对不同的消费者与消费需求，设计、制造并且提供个性化的产品与服务，与旅游者进行个性传播沟通，达到低投入、高效率地满足旅游者需求。个性化的产品与服务在一定程度上来讲就是定制。通过给旅游者提供个性化的产品与服务，能够节约旅游者在购买过程中所花费的时间、精力与体力等，增强游客满意度，从而提高其让渡价值。

在如今万物互联的年代，可以充分利用多平台的网络大数据，深入洞察游客的偏好与心理，掌握旅游者对旅游目的地的重要关注点，挖掘旅游目的地别具一格的特色，塑造本地独有品牌形象，并且通过完善配套设施、产品与服务，逐步提升目的地在旅游者心目中的地位。另外，利用大数据还能够对旅游者的年龄、所在地、性别以及喜好等个人信息进行分析归类，锁定主要客源市场与重点客源人群，从而开展精准营销与品牌传播，增强大老岭的品牌传播成效，减少传播成本。大老岭品牌传播必须重视发挥新兴媒体的功

能，充分借助微信和微博等社交平台以及短视频平台，通过介绍和分享，传播品牌，树立口碑。除此之外，旅游目的地还应该注重品牌的创新，利用现有的优势逐步打造本地康养旅游新形象，通过形象包装来提升品牌的知名度与影响力。比如，海南省就利用自贸港优势与国际旅游岛的相关红利政策，着重打造离岛免税购物新品牌，变成了国内旅游者回流后的首选购物之地，同时在海内外树立起了海南高质量购物的新形象。旅游地品牌的长期建设、旅游目的地的发展以及消费市场的需求是处于运动变化中的，故此旅游目的地品牌在打造的过程中应该紧紧跟随时代步伐和旅游者的需求，进行不间断的创新与运营管理。旅游目的地在品牌创建过程中，不仅需要将原有品牌依据时代的发展赋予其新的含义和内容，还需要随着市场诉求的变化，在品牌中不断融入新元素，抑或重新进行定位，使旅游目的地品牌形象在主要客群中始终保持较高的占有率。需要注意的是，并非所有的旅游目的地的品牌打造举措都是能取得成效的，因此需要对品牌建设的效果及时进行准确的评估，并且构建起危机事件应对体系，以预防和减少突发的旅游危机给旅游目的地品牌带来的负面影响。

第九章　案例研究：恩施硒都养生游 ——————

　　恩施土家族苗族自治州（以下简称"恩施州"）地处湖北省西南部，东连荆楚，南连潇湘，西接渝黔，北靠神农架，全州总面积为 2.4 万平方千米。其于 1983 年 8 月 19 日建州，是中华人民共和国最年轻的一个自治州，也是湖北省内唯一的自治州。这里拥有全球最大的天然富硒生物圈，自治州境内70% 的富硒环境适合各种动植物生长，并且这里生产出的农产品大部分都富含有机硒成分。硒被科学家称之为人体所需微量元素中的"抗癌之王"，大量调研资料证实，一个地区食物与土壤中硒含量的多少同癌症的发病率直接相关，硒元素还有提高人体免疫力和预防心脑血管疾病的功效。恩施州境内的森林覆盖率接近 70%，冠有"鄂西林海""华中药库"和"世界硒都"等头衔。该区域内的药用资源种类多达 2 080 余种，其中鸡爪黄连产量稳居中国前列，板党品质优良，常用于出口，紫油厚朴更是国家珍品。党参、当归、黄连、天麻、贝母、杜仲以及厚朴、黄柏、丹皮、半夏、银花、百合和舌草等中药材种类比《本草纲目》中所载的还要多，这里药材的品名数量、成交额在全省独占鳌头。尤其是板党、贝母、鸡爪黄连、紫油厚朴以及窑归、天麻、丹皮、首乌、竹节参和江边一碗水、头顶一颗珠等十余种名贵中药材产量大、质量优，在国内外久负盛名。

第一节　现状与特色

　　全域旅游示范区建设在 2019 年取得了突破，恩施市自此跻身成为首批国家全域旅游示范区，州内的腾龙洞大峡谷地质公园荣升为国家地质公园，全州旅游者满意度连续三年稳居湖北省第一。全年接待旅游者 7 117.71

万人次，同比增长了 14.5%；旅游综合收入高达 530.45 亿元，同比增长了 16.5%。恩施州有 32 个 A 级景区，其中 5A 级景区有 2 个，4A 级景区有 17 个。全州三星级及以上高品质饭店有 48 家，五星级农家乐有 14 家，旅行社共计 121 家。

近些年，恩施州灵活运用政府引导、市场主体和企业参与的原则，采用了"世界硒都·康养恩施"的休闲养生旅游新模式，凸显"硒都康养"主题，让旅游企业和涉硒企业共享资源，进行整合营销，达到了跨界融合发展的良好效果。

清江画廊旅游度假区、恩施大峡谷以及女儿城、土司城等旅游景点与乡村休闲旅游共同发力，活化了多条硒产品带，使"旅游 + 富硒"相互交融，实现了跨界突破。自 2015 年以来，恩施州先后在全国 300 多个大中型城市中开展了中国"科学补硒·健康生活"公益宣传暨"硒都养生行"的活动，吸引了 10 万多人慕名来到恩施，开展"补硒养生之旅"。2017 年 6 月 28 日，恩施州隆重承办了"中国'科学补硒·健康生活'百城千场公益科普宣传活动三周年总结大会"以及第二届硒友文化节暨"硒都养生行"活动，大会和活动吸纳了来自上海、天津等国内 96 个城市的多达万余名"恩施之硒"的受益者亲临现场，实现了过亿元的经济收入。

硒元素与旅游的结合使恩施州的硒产品大步走出重重山门，同时恩施积极探索"互联网 + 硒"的新经济发展模式，大平台、大品牌逐步形成。阿里巴巴的"富硒产业带"以及京东的"恩施农特产·世界硒都馆"陆续上线，恩施州富硒产品线上线下实现两手抓，打破传统，走上了突围之路。润邦茶业、思乐集团、圣峰药业和益植堂生物等一批富硒企业相继入驻天猫、淘宝和京东等大平台，年成交量突破亿元。200 多家小型和微型企业联合进入阿里巴巴诚信通平台，实现了"互联网 +"和富硒产业有机结合发展，新动力厚积薄发，发展势头强劲。

恩施地区的土壤中富含硒元素，这里的茶更是天赐的富硒茶，深受饮茶爱好者的喜爱。富硒茶蜚声中外，其中以恩施玉露最为有名，此茶是中国十大名茶之一。恩施 2013 年被列入"全国重点产茶县"，2014 年荣获"中国名茶之乡"的称号，2016 年入选"全国十大生态产茶县"。该地区的"恩施玉露"和"恩施富硒茶"两大茶叶区域公用品牌在 2017 年的品牌价值就分别达到了 15.27 亿元与 12.92 亿元，全州茶叶加工厂多达 361 家，其中包含 14 家规模企业，2 家农业产业化省级重点龙头企业，12 家州级重点龙头企业以及 20 家市级重点龙头企业。2017 年，恩施州的干茶产量超过 2.2 万吨，获得农业产值超过 17 亿元，综合产值也超过了 40 亿元。区域内现有茶园面积 444.47 平方千米，年产量达 5 万吨，年产值接近 30 亿元，年创税超过 6 000 万元。目前，恩施州对外销售的产品主要有富硒绿茶、富硒红茶、富硒白茶、富硒龙井、富硒铁观音等。

生态旅游资源是以生态美吸引旅游者，被旅游业所利用，在保护的基础上能够达到可持续生态旅游综合效益的各类资源。其是以原生态动物、植物、水源或者地貌为主要景观的资源。恩施州拥有丰富的生态旅游资源，基于旅游产品开发角度，可分为表 9-1 中的六类。

表 9-1　恩施生态旅游资源

资源类型	代表景区
生态山岳观光型	恩施腾龙洞大峡谷国家地质公园、七姊妹山国家级自然保护区、恩施梭布垭石林、木林子国家级自然保护区以及星斗山国家级自然保护区等
生态森林观光型	坪坝营国家森林公园、清江国家森林公园
生态湿地观光型	咸丰二仙岩高山湿地、国家级水利风景区恩施龙麟宫、宣恩七姊妹山亚高山森林沼泽湿地、恩施州清江湿地以及咸丰忠建河大鲵国家级自然保护区等
生态溶洞型	有世界容积量最大的溶洞之称的利川腾龙洞以及国家 4A 级景区黄金洞等
生态户外运动型	巴东神农溪漂流、清江闯滩漂流、利川佛宝山漂流、利川黄泥坡水库垂钓、恩施大峡谷攀岩、恩施朝东岩速降以及恩施鹿院坪徒步等
生态休闲与度假型	休闲避暑建始花果坪和休闲旅游恩施侗乡庢口村等

茶是恩施州的独特资源，具有规模大与质量优的特点，而且这里种茶历

史悠久。目前枫香坡茶园、宣恩的伍家台茶园以及鹤峰的木耳山茶园等都是乡村旅游的网红打卡点。恩施州硒资源富集，因其含量之高更被称为"世界硒都"。这里的富硒旅游资源主要包括世界独一无二的沉积型独立硒矿床、富硒矿泉水、富硒生态农园、天然富硒绿色农产品、富硒中药材以及可用作泥浴的天然富硒泥土；境内的双河鱼塘坝硒矿区被湖北省第二地质大队发现了一个独立沉积型硒矿床，此矿床被认为是"世界罕见和唯一的独立工业硒矿床"，弥补了诠释无沉积型独立硒矿床的空白，成为恩施州独树一帜的旅游吸引物。该州天然富硒矿泉、中药材和泥土可以用来发展富硒浴、药浴和泥浴等旅游项目，开发独特性与唯一性的补硒养生旅游。

恩施州境内的地质奇观众多，景致壮美，非常"养眼"；少数民族风情氛围浓郁，文化底蕴厚重，十分"养心"；天然富硒环境，全年天然氧吧，四季气候宜人，拥有开发富硒生态养生旅游的资源优势，被公认为是极佳的"养生"福地。故此，研究恩施州富硒生态养生旅游的发展具有重要的现实价值。这里特殊的地理环境与生态条件孕育了丰富的中药材资源，一些道地的药材甚至在海内外享有盛名。

第二节　精品旅游路线

推荐路线：恩施大峡谷—恩施女儿城—恩施土司城—野三河—腾龙洞—伍家台。

一、恩施大峡谷

恩施大峡谷又称沐抚大峡谷，地处长江三峡附近的湖北省西南部恩施土家族苗族自治州的恩施市屯堡乡与板桥镇境内，属于清江大峡谷中的一段，有一部分也属于恩施州腾龙洞大峡谷地质公园。大峡谷全长 108 千米，总面积达 300 多平方千米，因其"雄奇险峻秀"而著称于世，被称为"世界地质奇观"和"喀斯特地形地貌天然博物馆"。

恩施大峡谷是全国著名的奇观之峡、古道之峡、森林之峡、科考之峡和康体之峡，被列入"灵秀湖北"十大旅游名片之中。称它是奇观之峡，主要是因为此峡谷中拥有世界独一无二的"地缝—天坑—岩柱群"复合型喀斯特地貌；称它是古道之峡，主要是因为历史上入蜀进川的古盐道和古官道穿峡而过；称它是森林之峡，主要是是因为大片被完好保持下来的原始森林和峡谷相伴相生、交相辉映；称它是科考之峡，主要是因为峡谷中的一炷香等独特地质现象曾经受到央视科学栏目的报道，并且被载入建筑学科的教材中，有待后人进一步的发掘和考证；称它是康体之峡，主要是因为登临大峡谷就如同登华山和黄山一样，是对身体极限的挑战，在这里可以锻炼身体、呼吸充足的负氧离子以及享受富硒美食。

景区目前对外开放的区域主要有七星寨景点及云龙地缝景点，特点大致可以概括为一段地缝、两条河流、四大神奇以及五大特色、五大板块。壮美绝伦的恩施大峡谷整体宏伟开阔，景致层次丰富，山体形态多变，清江河谷深切，拥有区别于五岳等其他著名山岳景观的五大特色。第一，清江升白云。大峡谷中从清江飘起的云海像一条飞起的巨龙，蜿蜒曲折，延绵数百里。第二，绝壁环峰丛。大峡谷不仅有四面绝壁凹陷于丛峰之中的景色，还有四面绝壁突出像凌驾于丛峰之上的景色。世界其他地方目前还没有发现过类似奇景。第三，天桥连洞群。这里的洞穴群落又是另一大特色。据不完全统计，该峡谷的沿线有大大小小的洞穴 200 余个。例如，板桥的热云洞，由石壁相隔成两个洞口，一个洞通热风，另一洞出冷风，冷热交融使洞内烟雾缭绕，并且洞内的大厅可同时容纳数万人，另有天桥匹配，水天相谐、人物相映，似若仙境。第四，地缝接飞瀑。恩施大峡谷内部的云龙河地缝共长 7.5 公里，最深处有 75 米，其两岸有数条飞瀑流泉，让人震撼且神怡。第五，地缝配竖井（天坑和地缝相连）。奉节龙桥河到恩施大峡谷的地下暗河共长 50 千米，堪称世界之最。暗河之上的竖井就达 108 个，形状酷似著名的新疆坎儿井，极为壮观与罕见。

二、恩施女儿城

土家女儿城是基于恩施州三大旅游名片之一的恩施女儿会这一文化背景建立的，坐落于恩施市区的七里坪，这里是全国土家族文化集聚地，也是武陵地区城市娱乐消费集中地以及旅游集散地。土家女儿城背靠大山，是恩施最热闹的夜市，这里有着 300 家以上的小商品店，500 间特色客栈，30 家特色餐饮店，40 家风味小吃店以及属于全国首创的室内情景剧场——女儿城大剧院，还有湖北最大的水上乐园，因此被认为是鄂西最大的一站式娱乐中心。

女儿城里面有很多活动，其中最热闹的当属有着土家情人节之称的女儿会了。"女儿会"是偏远的土家山寨中与封建包办婚姻大不同的一种恋爱方式，是恩施土家族青年男女在追求自由婚姻的过程中自然而然形成的以集体择偶为主要目标的节日活动。其主要特征是以歌为媒，自由择偶，据说已沿袭了300多年。傍晚时分，女儿城的街道上开始热闹起来，悠扬的哭嫁歌、隆重的出嫁仪式、传统婚庆仪式在这里纷纷上演，以人们喜闻乐见的方式展示着土家族的民间文化。

火塘歌会是土家族火塘文化的一种具体表现。武陵山区的土家族、苗族人家对火塘歌会有着特殊的感情，也称其为满堂音。满堂音节奏轻快活泼，旋律动人，乡土气息浓郁。弹唱时融入方言特色，可以说是一种极具民族特色的地方曲艺曲种，深受当地土家族同胞的喜爱。然而现在会弹会唱的人并不多，只有一些老年人比较擅长，年轻人喜欢听，却很少人有会唱，好在现在已经成为非物质文化遗产，已开始吸引一部分年轻人学习与传承。女儿城的火塘歌会属于表演性质，工作人员身着统一的服装，以女性为主，她们手拿简板领唱，有专门的乐队和声，时不时还融入唢呐烘托帮腔，渲染气氛。表演者约有十余人，刚好围坐半边火塘，观众则围坐在对面半边火塘，大家可以一起边取暖边取乐。整个表演极富生活气息，同时充满民间智慧。

三、恩施土司城

恩施土司城位于恩施市西北，是全国唯一一座规模最大、建筑最宏伟、风格最独特以及景致最靓丽的土家族地区土司文化的标志性建筑群。土司城主要展示民族文化内容，是以休闲和旅游为重要功能的大型文化主题公园。景区共由三个主要部分构成，一是墨冲楼，二是廪君祠，三是九进堂，深刻还原了土家族原始的居住风格。现土司城城内建有大大小小21个景区，其中有30余个具有民族特色的景点。

土司城里建有土家族、苗族和侗族的传统建筑，凸显了各具特色的建筑和雕刻艺术。自2005年开始，土司城每年都会举办民间艺人绝活表演，这成了吸引旅游者的一大亮点。坐落在民族文化区中心的土家族九进堂把土家族传统的干栏式民居吊脚楼、官言堂、书院以及摆手堂、月台、戏楼等融合到一起，这里的亭榭楼阁错落有致，雕刻壁画赏心悦目，雕花门窗简单古朴，真可谓是集土家族建筑、雕刻以及绘画艺术之大成，是我国土家族吊脚楼中规模最大、特色最典型、外形最壮观的仿古建筑群。2006年，恩施州的土司城编定了《恩施土司城景区质量等级提升建设规划》，用以指导景区的提质升级，新建了廪君祠，创造了一套较有吸引力的民族歌舞《巴风古韵》，提升了恩施土司城的文化韵味。

四、野三河

为了更好地打造旅游精品名牌、树立景区形象、保护知识产权，作为国家4A级旅游景区的野三河景区自2013年3月21日开始正式更名为"野三峡旅游区"。这一旅游区处于鄂西南恩施土家族苗族自治州的建始县内，其自然、生态、文化和旅游资源非常丰富。

野三峡旅游区以清江景阳河峡谷以及清江支流野三河下游为主打景区，共分为建始直立人遗址、景阳河画廊、野三河峡谷和黄鹤桥峰林4个游览区以及小西湖国际度假中心。野三河峡谷是全国罕见的保留了完美原生态风貌的河谷，景阳河画廊是八百里清江最美区段，黄鹤桥具有岩溶地区最秀美的峰林地貌，小西湖则是一处避暑、休闲以及度假胜地。景区有彩峡、奇峰、泉流、飞瀑、花树、莽藤、古关、老街八大景观特色；有着距今195万～215万年的挑战人类起源学说的"建始直立人"遗址、湖北贝母原产地、古生物化石洞群、景阳鸡自然保护区、千亩牡丹基地、千亩关口葡萄基地、万亩核桃基地以及千年紫薇树王等极具特色的旅游资源；另有很多的溶洞、暗河、天坑和地缝有待开发。

野三峡旅游区是清江流域土苗歌舞之乡，最具典型性的有入选世界百首优秀民歌的《黄四姐》、非物质文化遗产《闹灵歌》、被称为"土家交响乐"的丝弦锣鼓、蜚声中外的土家背鼓以及扣人心弦的花坪火龙等一大批文化宝藏，这些都是不同于武陵山其他土苗文化的精品。与此同时，景区内拥有很多的历史文化遗址及名胜古迹，如辛亥革命名人朱和中故里与中街、章太炎亲笔题咏的小西湖以及"川湘咽喉"景阳关和施宜古道等，还有双土地老街、石柱观、土司大寨、五峰山和向家大院以及众多的地主庄园古老建筑遗存。依据旅游资源定量分析与评价，初步探明的野三峡旅游区拥有五级旅游资源共4处，四级旅游资源共30处，三级旅游资源共27处，二级旅游资源共2处，景区的总评分为85分，达到了四级以上的标准。其旅游资源特质符合现代旅游新潮流——回归自然，追溯历史，体验文化。景区融寻踪探秘、山水观光、生态养生以及民俗体验为一体，被公众认为是湖北地区最具成长性的旅游景区之一。

五、腾龙洞

腾龙洞景区属于国家 5A 级旅游景区，是国家级地质公园，世界特级溶洞，也是湖北省旅游的一张闪亮名片。2005 年，腾龙洞景区被《中国国家地理》杂志评选为"中国最美的地方"和"中国最美的六大旅游洞穴"。腾龙洞总面积为 69 平方千米，景区内以雄、险、奇、幽、秀为特色的洞穴系统景观和震撼人心的民族文化演艺为核心资源，构成了多层次、多类型的旅游景观体系。腾龙洞神奇的景观特质形成了其最具核心价值的品牌特色——"腾龙天下雄，演绎人间秀"。该景区有着中国体量最庞大的洞穴体系，整个洞穴群共分为上下五层，其中大小支洞共计 300 余个，当前已探明的洞穴总长度为 59.8 千米，洞穴总面积有 200 多万平方米。内部的石钟乳发育良好，既有体量惊人的奇观，又有形态可爱的小品，石柱、石笋、石花、石幔应有尽有，呈现的形态丰富多彩。

景区充分利用洞厅规模宏大的特征，建设了全国最大的原生态洞穴剧场，长期上演大型原创土家族风情歌舞《夷水丽川》，展现出在腾龙洞景区一带生活并繁衍的土家族民族文化的精髓，演绎了土家族先民同大自然搏斗的艰苦历程以及不惧困难的奋斗精神，生动地展现了土家族热情古朴的风土人情，自 2005 年 9 月公演以来，已连续上演 8 000 余场次。作为湖北省首台大型实景剧、重点扶持推荐剧目，《夷水丽川》曾荣获湖北省第一届"金凤奖"舞蹈大赛职业组的"舞剧舞诗类"剧目奖，已经成为土家族民族文化的一个代表性品牌。洞内还有着全国唯一的洞内综合激光表演秀《腾龙飞天》，利用高科技手段的全新打造，虚与实的完美结合，为旅游者呈现出一幅幅精美绝伦而又震撼难忘的画面，创造了自然景区同高科技相融合的先河。两场演艺将"人间秀"融入腾龙洞，使非物质文化遗产与世界级自然景观相得益彰，堪称绝品。

六、伍家台

伍家台是古代的皇家茶园地，如今已成为全国有机茶种植标本园，成为国家 4A 级旅游景区。2015 年 2 月 28 日，"伍家台贡茶制作技艺"被湖北省文化厅认定为湖北省非物质文化遗产，传承绿茶制作技艺。"伍家台贡茶源"被列为湖北省级重点文物保护单位，"伍家台贡茶"也被评定为中国驰名商标。另外，伍家台贡茶文化旅游区于 2016 年 12 月被评选为国家 4A 级旅游景区，成为茶旅融合的典型。"鄂西宣恩有贡茶，茶中之宝甲天下，当年捧茶献天子，'皇恩宠锡'传佳话。"清乾隆四十九年（1784 年），山东昌乐的举人刘澍管理施南府时就向爱茶的乾隆帝贡奉了伍家台茶。乾隆皇帝喝过之后对此茶赞不绝口，亲自赐予了"皇恩宠锡"四字。这四个字后来还被拓在了茶园里的石碑之上，成了旅游者打卡合影的热门之地。

以山为体，以茶为魂，以风土民情为特色，以文化为底蕴的伍家台贡茶附加值得以明显提升，茶产业链条被不断拉伸，乡村地区也因此吸纳了人气。近些年，伍家台村陆续获得了"中国少数民族特色村寨""荆楚最美乡村"以及"中国美丽休闲乡村"等荣誉，贡茶园被确定为省级文物保护单位，伍家台贡茶手工制作技艺也被收入湖北省非物质文化遗产名录。长久以来，伍家台村在谋发展的过程中注重将土家族风情同贡茶文化的融合，提炼出独特的民族贡茶文化风情，培育了伍家台贡茶文化生态体验园，"以茶为根""以人为本"，充分彰显贡茶文化与民族风情。按照规划的内容，宣恩县以"伍家台贡茶和土家风情"为基础，以消费需求为导向，着力挖掘贡茶文化与土家民俗文化体验性资源的市场后劲。从种植、生产、加工发展到观光旅游，伍家台村的第一、第二和第三产业在这里实现了良性互动，打造了乡村发展的新业态。目前，伍家台村在建设观光旅游以及贡茶产业上下足了力气，并将其融入恩施州全域旅游发展之中，将茶叶产业同民族风情进行有机结合，从而有效推动了茶叶产业发展。

第三节 问题与不足

一、基础设施配套薄弱

本地区的旅游投入存在投入不足的问题。由于基础与配套设施建设滞后，很多旅游景区景点的餐饮、停车场、道路以及住宿等设施较为落后，综合接待能力不强，尤其是周末、黄金周等节假日期间，交通、停车场和道路建设存在的问题特别突出。道路交通没能完全达到"外通内畅"的局面。交通进入性较差，从城区到各景区和各景区之间交通网络不够健全，还没有达到旅游交通应有的"舒适、快速、顺畅"等条件。很多停车场建设滞后，未能满足游客的停车需求。随着自驾游的增多，部分旅游景点停车场远不能满足现实的停车诉求，在面积、配套设施、管理以及服务等环节有待进一步增强。整体来说，恩施的地理环境复杂，交通线路密度不足，公路等级低、路况较差，通信相对落后，引发了游客出入不便等一系列问题。虽然近些年有了很大的改善，但问题仍旧存在。比如，通往腾龙洞、鱼木寨以及玉龙洞景区的路面狭窄，到船头寨和苏马荡景区的路况差等问题严重影响了生态旅游资源的有效开发和利用。

二、生态保护有差距

当前，恩施大部分景区的生态保护和利用还处于摸索阶段。当地民众的生态保护意识还仅停留在浅在的表面，并没有真正懂得生态保护的含义，从而导致他们对生态保护参与度低。整体来看，中国很多的景区生态保护和开发的形式过于单一，缺少本身的生态文化，加上一些错误观念的引导，很多景区的生态资源被恶意开采，无视当地资源与环境是否能够承受住压力。恩施现存的生态保护问题主要表现为两方面：一方面，对垃圾和污水的处理不够彻底，部分景区产生的垃圾有的是游客随手乱丢在路上的，有的来自景区商贩摆摊处。景区游客越多，摆摊商贩也就越多。尽管景区设立了专门的摆摊点，但是由于多数商贩是来自周边的村民，他们不一定会服从工作人员的统一管理，这样给景区的管理带来很大的难度，也导致垃圾管理问题得不到完好解决。另一方面，焚烧秸秆管控任重道远。山地和丘陵地区禁烧秸秆较平原地区相对滞后，仍有部分地方秸秆综合利用企业少、建设慢、规模小、效率低，短板十分突出。

三、民族特色不浓郁

恩施土家族苗族自治州是湖北少数民族的主要聚居地，共有29个少数民族。其中土家族、苗族文化氛围浓厚，民族风情浓郁。恩施的民歌如《黄四姐》《六口茶》以及《龙船调》等，以及摆手舞、傩戏、女儿会、哭嫁习俗等流传久远。独特的民族文化孕育出了诸多国家级非物质文化遗产，如薅草锣鼓、利川灯歌、土家族摆手舞、肉连响等。这些独具特色的文化旅游资源不仅能"养眼"，还能"养心"，在当前文化旅游盛行的环境下，恩施地区充满魅力的少数民族文化对现阶段热爱旅游的人群有着较大的吸引力。但是，恩施土家族生活模式的日趋汉化，造成恩施土家族典型文化特征的减弱和消失，降低了建筑、服饰、语言的民族传承的吸引力，难以将民间丰富的特色文化有效发掘并打造成兼具功能的文创产品，因此当地传统少数民族文化遗址以及非物质文化的保护与传承十分迫切。

四、交通通达度不够

恩施州位于鄂西南部位，地处湖北省、湖南省和重庆市的交汇处，是东西结合的重要节点，地理区位优势明显。近些年以来，恩施交通发生了巨大的变化，从无到有、从偏到全，以高速公路、铁路、航空以及水运为核心的立体交通网络大致形成。目前，恩施拥有机场、高速公路、快速铁路等多样化的交通方式，但是恩施州交通运输和全域旅游发展同广大人民群众的现实需求相比，仍发展得不充分。相较于周边张家界、重庆等地，恩施在交通方面的发展仍显现出短板，难以满足现代旅游人群的"快进慢游"需求，在外部交通的通达性方面还有待进一步提升。恩施州各景区之间的直线距离尽管都比较近，但是它们往往都被大山阻隔，往来各地通常需要乘坐若干个小时的车，加上山多、坡陡、路弯以及道路等级低等众多客观因素，导致很多游客对恩施州的其他特色旅游资源和旅游风景区了解不多。这样就难以形成具有规模效益的旅游产业，而且会影响旅游效益与游客对交通的满意度。恩施州的大部分旅游景点都处于较为偏远的位置，交通设施、娱乐设施和住宿条件等都不太符合市场需求。以恩施大峡谷为例，它位于恩施的屯堡乡与板桥镇，距离恩施市区大概有两个小时的车程，游览完整个景区大约需要 6 个小时，并且景区内部缺少酒店与餐馆，进出景区时常都会遇到很多问题，对于游客来说极为不方便。

五、体制机制不优

随着国内各大景区旅游消费升级以及旅游产业竞争愈发激烈，我国国有景区旅游企业在转型升级发展过程中面临诸多问题，业务持续经营、产品创新升级、服务质量提升、运营效率提升等均面临挑战。首先，旅游目的地很多的工作不便开展，在工作上缺乏民营企业机制的灵活性；其次，人才培养的制约，在人才交流、提拔重用方面存在不足；恩施部分景区面临景区内索道、缆车等需要替换维修等运营设备老化的问题，但缺乏充足的资金支持，导致经营管理僵化、运营效率低下、活力动力不足。

第四节　改善建议

一、加大交通与景区配套设施建设

首先，探索运输的新业态。实行城际之间"站到站""点到点"的客运服务，鼓励旅游客运、包车客运、汽车租赁等定制服务的发展。加快研究和协调推进恩施至宣恩、恩施至咸丰等城际线路公交化运行，打造景区直通车等旅游客运服务。其次，围绕国省干线补短提质，实现路网等级提升。推进普通国省道不达标路段提质升级改造，补齐乡镇通国省道二级公路短板。推动交旅融合，加速构建"快进""慢游"的旅游交通体系，依据生态旅游公路理念设立交通服务设施，配套好旅游公路总里程，提升干线公路运营服务水平。再次，围绕要素协同强化统筹，实现保障能力提升。加快智慧交通发展，支持有条件的县市建设交通信息平台，重点推行智慧公路、智慧港口以及智慧公交等"新基建"示范工程。快速构建应对水毁和各类疫情等特殊灾害的交通应急保障体系，不断提升交通安全生产能力。夯实长江大保护交通运输的三大标志性成果，加强节能减排与污染防治，严格对交通行业生态环境进行保护。深化"放管服"改革，强化法治交通建设，优化营商环境，落实好行业机构改革。全面加强党建引领，弘扬"甘当铺路石"的奉献精神和"交通要先行"的担当精神，为交通运输发展营造良好氛围。

在旅游配套设施方面，需要强化以下几方面的建设。一是旅游设施方面，要适应旅游市场普遍化、多样化和个性化的需求，优化旅游住宿设施的空间结构、档次结构和功能结构，形成以集散中心城市为重点、各区域广泛分布、各档次饭店齐全的优质结构。二是旅游交通方面，支持成立专业旅游汽车运输公司，鼓励旅行社成立旅游车队，鼓励成立旅游汽车租赁公司，以提高旅游接待能力和水平。三是旅游餐饮方面，可在重要的旅游城市、旅游名镇、旅游名村建设特色美食街或美食城，引导城市郊区和景区加快发展以餐饮为主的"农家乐"旅游项目。四是旅游购物方面，加强旅游购物设施及环境建设，树立特色品牌，开发并推广以收藏品、土特产为主的旅游系列商品。五是旅游娱乐方面，巩固已有的文化娱乐设施，发展特色旅游娱乐项目，引导重点景区打造大型山水实景文化旅游节目。提升景区通畅水平，破解进入性不强的制约，让游客夏季避暑纳凉，冬季赏峡谷冰雪。落地重点项目，建设宜居宜业宜旅大峡谷。一方面，各村要围绕"产业兴旺"思考谋划，围绕各村的"乡村振兴项目库"，积极争取乡村振兴项目资金并协助项目落地。另一方面，全力协助大峡谷景区"5A＋"建设，重点保障游客中心到女儿湖索道项目、汽车营地项目早日建成。恩施大峡谷风景区要继续支持一期云峰境的营销，做好二期征地拆迁扫尾工作，保障二期工程按时开工建设。同时，继续配合市姚办、湖北水院搞好姚家平水利水电枢纽工程相关协调工作，建好交通线，做好"移民古镇"的规划建设。

二、抓好生态环境保护

深入开展环保宣传，大力推进农村环境综合整治。一是充分利用新闻媒体，开展多层次、多形式的舆论宣传和科普教育，提升峡谷居民环境保护意识，增强环境法制观念，环委会成员单位常态化开展秸秆垃圾禁烧整治行动。二是加强水源地保护定期检查，通过走访调查各水源地，监测水源地周边环境保护情况，严格规范水源地周边范围新建建筑、放牧、养殖等活动。三是做好人工湿地维修维护，积极探索污水处理收费机制，力争辖区污水处理率达95％以上。四是协同相关部门严格把握好重大项目、畜牧养殖等涉及环评项目落地关，严格要求相关环保措施达标。补齐基层治理短板，打造生态宜居乡村环境。进一步探索农村垃圾治理新模式，解决垃圾收集运转难题，切实推动垃圾处理减量化、资源化和无害化。继续加强食品、药品安全检查，加强集贸市场监管力度，规范经营行为，整治旅游市场"乱象"，优化营商环境，打造健康旅游环境。严格执行"河长""断面长"和"点位长"制度，各相关职能部门协同发力。各地各部门要牢固树立"一盘棋"思想，严格执行生态环境保护工作责任规定，对生态环保工作主动认领、主动落实，绝不允许推诿扯皮、敷衍了事，做到守土有责、守土尽责。要进一步完善和落实运行管理机制，切实提高设备工作效率和污水处理能力，保障设施安全、稳定运行，达标排放，保证我区监测断面水质稳定达标；要加大日常巡查监管力度，强化业务指导，消除管理盲区，严厉打击破坏生态环境的不法行为，提高人民群众的生态环境满意度和幸福感；三要尊重科学，统筹兼顾，景区环境保护与民生改善齐抓共进，让人民群众与自然和谐共生。坚持问题导向，加快解决好生态环境突出问题，补齐生态环境短板；要压实工作责任，严格执法检查，加大巡查督查力度，保持高压态势，严厉打击各类环境违法行为；要坚持举一反三，对生态环境整改的同类问题进行再梳理、再排查，并进行全面整治；要健全长效机制，不断完善环境保护长效常态管控机制，努力推动区域生态环境持续改善和增强群众的幸福感。

三、破解劣势瓶颈，做出恩施旅游特色

围绕建成"国际知名旅游目的地"的总体要求，突出乡村特色，全力推进恩施大峡谷生态文化旅游示范带各项建设任务。以茶叶、药材、富硒、少数民族文化等优势资源为基础，全力推进养生和旅游结合产品开发。首先，需要加强恩施州人脉、地脉、文脉等宝贵特色资源开发。恩施州具有丰富的天然富硒矿泉水、绿色农产品、中药材等，应该结合地方饮食习惯（尤其是土家族、苗族、侗族等少数民族饮食文化）和土家族医学、苗族医学、侗族医学，以及道教与佛教的养生方法，开展具地方特色的饮食补硒与药材补硒旅游项目。利用天然富硒矿泉水、中药材、泥土等独特富硒资源，开发富硒浴、药浴、泥浴等独具特色的生态水疗项目。其次，加强山林富硒生态养生旅游开发，以山林溪谷为生态基础，以负氧离子、绿色环境、湿润空气、适居温度、富硒矿泉水、富硒山野菜、富硒中草药等为养生原料，打造天然氧吧、森林浴、雾浴、竹海浴、竹文化养生、矿泉浴、生态食疗等康养项目。利用恩施州富硒岩石、土壤、矿泉水、动植物资源聚集形成的天然富硒地质环境与富硒生物圈，打造富硒生态农业园和观光园，如茶园、果园、烟草园、高山反季节菜园、富硒中药材园等。再次，开发多样化富硒生态养生旅游产品。利用恩施州物质文化遗产（中国历史文化名村、生态博物馆、文化生态保护区）和非物质文化遗产（民间文学、传统音乐、传统舞蹈、传统戏剧、曲艺、传统体育、游艺与杂技、传统美术、传统技艺、传统医药、民俗），以及土家族、苗族、侗族等少数民族文化遗产等资源，挖掘民族养生多样性，发展特色生态文化养生旅游。同时，注意开发长寿主题、山林养生、日光养生、

花卉养生、生态水疗、四季养生等多元化养生旅游产品，满足旅客多种需求。

四、推进景点景区改革，优化体制机制

旅游业作为市场化竞争激烈的行业，国有景区企业应当根据自身发展需要，结合实际状况采取国有控股或参股形式推进混合所有制改革。在旅游景区产业链上，国有景区企业可以适当参股，让具备充分市场化竞争经验的非国有资本主导业务经营管理，但是要考虑部分景区的"名胜风景"这一特殊性质。这意味着这些景区不仅是营利性的，还兼具公益性功能，需要保护国家旅游资源。若一味地让非国有资本运作管理景区，则可能损坏景区的自然资源或者人文资源，所以推进国有景区企业混合所有制改革时，要考虑景区自身的性质，对股权比例做出合理的配置。

混合所有制改革过程中国有资产流失问题一直是人们关注的焦点，也是国有景区企业混合所有制改革中必须克服的最大障碍。因此，保证评估机构独立、公正、科学评估是保障国有资产评估结果真实客观、防止国有资产流失的重要举措。在国有资产评估基础上，还要按照市场定价机制，切实做到信息公开、规则公开、过程公开、结果公开；强化交易主体和交易过程监管，防止暗箱操作、低价贱卖、利益输送、化公为私，杜绝国有资产流失情况的发生。

第十章　案例研究：荆门钟祥
长寿之乡游

钟祥市，位于湖北省中部，汉江中游，是楚文化发祥地之一。钟祥是"世界长寿之乡"，也是中国优秀旅游城市、国家可持续发展实验区、国家级生态示范区。从南北朝开始，钟祥就被称为"长寿县"，至明嘉靖改名时已有 1 000 多年的历史，目前全市 80 岁以上老人达到 2.4 万人，是世界知名、全国著名、湖北唯一的长寿之乡。这里有世界文化遗产——明显陵、世界溶洞奇观——黄仙洞、湖北省民俗民艺第一村——莫愁村、华中农业体验示范园——汇源农谷产业园等 4 家国家 4A 级景区，荣登中国最美 30 县、全国十佳生态休闲旅游城市，它还被评为中国县域旅游发展潜力百强县市，名列第二；2021 中国康养百佳县市排行榜，名列第 13 位。

第一节　现状与特色

钟祥市隶属于湖北省荆门市，历史文化底蕴深厚。1531 年，明朝嘉靖帝因自己出生、发迹于此，取"风水宝地、祥瑞所钟"之意，赐县名"钟祥"，升安陆府为承天府，是明朝三大直辖府之一，这是钟祥名称的由来。钟祥境内长寿人口众多，是联合国老龄所认证的"世界长寿之乡"，钟祥市 2008 年被中国老年学学会认证为首批中国长寿之乡，2015 年被国际人口老龄化长寿化专家委员会认证为"世界长寿之乡"，2020年续获该荣誉。独特的地貌、优越的地质、丰富的水源、茂密的植被、清新的空气是这里的人们长寿的根本原因。

改革开放以来，钟祥旅游产业从弱变强、破蛹成蝶，实现了从"景区旅游"向"全域旅游"的转型升级，区域特色文化旅游成为钟祥市旅游业的新亮点。如今，"世界长寿之乡""中国最美休闲胜地""最具旅游投资吸引力城市"等旅游品牌昭示着钟祥旅游产业已经进入了健康发展的快车道。古有莫愁女，现有莫愁湖。"莫愁"一直都是钟祥旅游的一张魅力名片，莫愁村则是依托钟祥莫愁文化打造的一个以民俗风情体验为主题的旅游景区。经过两年多发展，它已形成钟祥旅游的核心吸引力，每年接待游客达230万人次。走进古色古香的莫愁村，既让人领略到扑面而来的历史感，又找到一种久违的亲切感，空气中弥漫着各种美食的味道，每个摊位前都游客成群。在这里，游客能够体验到返璞归真、回归自然的美感。

钟祥市有世界文化遗产——明显陵、大口森林公园、黄仙洞等得天独厚的旅游资源，但各景区独立发展，影响力非常有限。为突破旅游发展瓶颈，近年来，钟祥不断整合优势资源，加快核心景区延伸开发和新景区创标升级，逐渐形成了以明显陵和莫愁湖为核心的历史文化旅游集聚区、以大洪山为核心的山水生态旅游集聚区、以大口森林公园为核心的森林花海旅游集聚区、以彭墩村为核心的美丽乡村旅游集聚区，形成了"二廊四区多景"的旅游景观格局。

现在的钟祥，春可赏花品古，夏可避暑探洞，秋可登高观叶，冬可泡泉养生，丰富的旅游产品供给助推了钟祥"全域旅游"的发展，让钟祥成为省内外游客首选旅游目的地城市。莫愁湖景区的发展变化正是钟祥加快由"景区旅游"向"全域旅游"华丽转身的一个缩影。"一江两湖满城绿"，丰富的山水资源给钟祥增添了无限生机。走在美丽的莫愁湖畔，草木葱绿，垂柳依依，荷池泛波，微风习习，这些都让人不自觉地在美景中沉醉。每到傍晚，人们集聚在莫愁湖边游乐健身，与自然相近、与山水相亲。然而，过去的莫愁湖形式较为单一，周边缺乏其他旅游资源和配套旅游设施。近几年来，钟祥市通过实施物种保护、湖区环境整治、生物治理、水污染防治、环湖亮化五大工程净化了公园水体，丰富了湖区生物，完善了湿地公园生态功能。

钟祥市还对莫愁湖周边重新规划，整合莫愁湖、明显陵和莫愁村共同发展，实现了从"点"上开发转变为"面"上提升，景区的旅游吸引力日益提升。推进了旅游产品结构调整，打造拳头产品，深度挖掘长寿文化，定期举办长寿文化节、紫薇花文化节等重大节庆活动。在钟祥，骑游、诗歌、摄影、彩虹跑、越野等各种赛事好戏连台。大力发展观光农业和休闲农业，打造出了一批魅力村庄、宜游宜养森林景区和高品质农家乐。万紫千红植物园、汇源农谷体验园、长滩万亩玫瑰园等特色观光园区相继"诞生"，涌现了客店南庄村、九里杨桥村、长寿朱坡村等一大批美丽乡村。彭墩乡村世界、中华葛文化风情园、温峡湖生态养生园、万紫千红植物园上榜"省级休闲农业示范点"；明显陵景区上榜"2017年湖北省A级旅游景区"红榜。明显陵·莫愁湖·莫愁村创5A工作正在强力推进。钟祥旅游美誉度、知名度、影响力一路攀升，全国各地游客纷至沓来，领略钟祥风光，感受钟祥魅力。

钟祥市的长寿文化同样独树一帜，其中民间长寿文化形式多样。钟祥民间长寿文化主要表现在三个方面。第一，以长寿命名地名。在钟祥市内有长寿镇、长寿村、长寿河、万寿岩、胡子山、九华寨、百岁桥等，每一个地名都对应一个故事，位于旧口镇的百岁桥就有这样的一个故事。相传明朝时，村里有位王姓婆婆，贤淑善良，仁、义、礼、智、信五德俱全，深受人们的尊重，活到105岁，无疾而终。村民就在村边的河上修了一座桥，命名"百岁王母桥"，以此来纪念这位长寿老人。第二，以动植物作为福寿象征。在钟祥，很多人都喜欢在家里挂上松鹤图，取"松鹤延年，健康长寿"之意；养猫养龟的风气也很盛行，因为龟是长寿动物，而猫与"耄"同音，也象征长寿；人们还喜欢在房前屋后种植松竹、桃李，美化环境的同时，表达了对长寿的祈求。第三，祝寿的礼仪。钟祥人历代都有为长者祝寿的传统，且有一套十分讲究的礼仪。随着生活水平提高，祝寿礼仪得到进一步的丰富和发展。按照传统礼仪，祝寿前，老人的子孙们都需要忙碌几天。先是布置寿堂，将亲朋友人送来的寿匾、寿联、寿画、寿幛等按长幼顺序悬挂起来，将寿果、寿糕摆在供桌上，一间堂屋，俨然是一处小小的长寿文化展览馆。祝寿这天，点上寿烛，让老寿星穿上专门制作的寿服，坐在堂屋的上首。子孙们按长幼顺序，一一拜寿。成了家的夫妻双双同拜，没成家的可以一个人拜，也可和兄弟姐妹同拜。一边拜寿，一边说上吉祥的话语，如"福如东海，寿比南山"，"祝爷爷（太爷爷）健康长寿"等。拜寿结束后是长寿宴，开宴前，来宾致辞，主人答谢。

第二节 精品旅游路线

推荐路线：莫愁村—明显陵—客店镇—长寿镇—石牌镇—张集镇—九里乡。

一、莫愁村

莫愁村，湖北民俗民艺第一村，位于钟祥市，地处莫愁湖与明显陵之间。莫愁村因楚国歌舞艺术家莫愁女生长于此而得名。千百年来，围绕莫愁村、莫愁女以及"阳春白雪"等传诵着许多动人故事，为历代文人墨客所倾慕寻访。

莫愁村文化旅游景区位于"世界长寿之乡"钟祥市东北部城郊，属郢中镇皇城地界。其北连世界文化遗产明显陵，南依国家级湿地公园莫愁湖，拥有得天独厚的人文、生态环境资源。钟祥市莫愁村由钟祥万僖文化旅游开发有限公司投资，于 2015 年 10 月开工建设，2016 年 8 月莫愁村一期开街迎客。莫愁村整个景区占地 650 亩，总投资约 15 亿元，一期是民俗小吃街，二期是民宿和酒吧街，三期是酒店和剧院，对应的目标是一期"吃进来"，二期"留下来"，三期"多住几天"。目前，莫愁村已完全开放了两期，第三期正在紧锣密鼓地开发中，原计划 2020 年底三期完全开放，但因新冠肺炎疫情推迟延期了。当其实现完全对外开放后，将吸引更多的旅游者前来游玩。

莫愁村依托楚文化进行了深入发掘，打造出莫愁老街·楚俗市井区、莫愁渡·楚韵市集区、百岁湾·楚风餐饮区、桃花窑·楚艺产研区、桃花岭·楚情度假区、莫愁农场·楚学亲子区六个主题，是一个极具浓郁楚文化气息的旅游综合体。经过近年的有效管理和高速发展，莫愁村已经成为湖北省内首个具有"地道乡土民俗、浪漫荆楚民艺、多元文化风情"的综合性旅游目的地，也是华中地区第一个"复合型休闲度假目的地"。

莫愁村景区建有约 4 万平方米精美的以复古模式建造的明清及民国风格的院落街坊式建筑，和约 8 万平方米全国第一个原创乡野类楚风建筑群落。

住宿方面，设有 6 个主题民宿、2 个度假酒店群、2 个精品酒店、1 个公寓式酒店；饮食方面，引入了 10 余家作坊式餐厅、20 余家主题中餐和 200 多家传统小吃店铺；文化体验方面，设立了 50 多个文化和非遗展示体验区以及 5 处演出及演艺场所；在娱乐体验上，特别开设了 1 条酒吧街、1 条船游河道，以及温泉、酒庄、无边际泳池等完善的休闲度假配套服务设施。

二、明显陵

明显陵位于湖北省钟祥市城东北的松林山上，始建于明正德十四年（1519年），完工于明嘉靖四十五年（1566 年），历时 47 年建成，是明世宗嘉靖皇帝的生父睿宗献皇帝朱祐杬和生母章圣皇太后蒋氏的合葬墓。明显陵由王墓改造而来，是我国中南六省中唯一的一座明代帝陵，也是明代帝陵中单体面积最大的皇陵。其规划布局和建筑手法独特，尤其是"一陵两冢"的陵寝结构为历代帝王陵墓中绝无仅有的。2000 年 11 月 30 日，明显陵被联合国教科文组织作为"中国明清皇家陵寝"的一部分批准列入《世界遗产名录》。2008 年 4 月，明显陵被国家旅游局批准为国家 4A 级旅游景区。

明显陵规划总占地 1.83 平方千米，其中陵寝部分占地 0.52 平方千米，在这广阔区域内，所有的山体、水系、林木植被都作为陵寝的构成要素来统一布局和安排。陵区后部的自然山丘为祖山，作为陵寝的依托；两侧的山体作为环护，中间台地安排建筑，九曲河蜿蜒其间；前面山丘为屏山。四面环山体现了"陵制与山水相称"的原则。陵园内各建筑物的基础大部分采用须弥座式的石雕台基，上刻简练精美的纹饰。门券石多以汉白玉刻龙纹贴面。

三、客店镇

钟祥市客店镇地处国家级大洪山风景名胜区核心景区，植被覆盖率达95% 以上，景区规划面积达 104.7 平方千米，素有"山水客店，福地洞天"的美誉。

自 2008 年以来，客店镇先后组织实施了 46 类 93 个建设项目，累计投资达 1.18 亿元，旅游基础设施得到很大完善，开发了一批极具潜力的旅游项目，旅游知名度得到很大提高（表 10-1）。2010 年 6 月，客店镇被湖北省政府正式命名为"湖北旅游名镇"。2011 年 11 月，客店镇被评为"旅游综合示范镇创建单位"。

表 10-1　钟祥市客店镇主要的旅游景点和资源

景点和资源名称	特　色
黄仙洞	黄仙洞是大洪山核心景区，也是国家 4A 级景区，其喀斯特地貌铸就了 2 万多平方米的"云盆"景观，拥有边古池大厅、钙膜片边坝、石将军溶蚀石牙、三拱门 4 个世界级景观
娘娘寨	娘娘寨，最高海拔 1 050 米，常年云雾笼罩，人迹罕至。当地传说，当年观音娘娘曾在此擒治水妖，拯救黎民，普度众生，后人为纪念观音娘娘，而叫此山为娘娘寨。娘娘寨的西垛口建有娘娘寨山门，由青砖青石垒就
八折河	八折河，曲曲折折八道弯，蜿蜒 40 千米，横穿整个客店镇。沿河有木质水车，还有弯弯的山道，山道边有白墙黛瓦的民居。在该河的明灯村段，还有成片的野生芦苇可观赏
葛文化风情园	葛文化风情园是一个以葛产业、葛文化为主，现代观光农业与自然生态景观相结合，集旅游、购物、加工展示、互动娱乐于一身的特色旅游观光园区

四、长寿镇

长寿镇位于钟祥市西北部 30 千米处，东北与黄坡水库毗邻，南部与洋梓镇接壤，西与丰乐镇相依，北与宜城市的流水镇交界。长寿镇是钟祥市长寿人口集中地之一，截至 2021 年，长寿全镇有 2.8 万人，80 岁以上老人 569 人，90 岁以上 104 人，百岁老人 11 人。

长寿河贯穿镇区，蜿蜒流淌。春秋时期，长寿河分为长河和沙河，河两岸出现了不少的长寿老人，其中一个叫苌弘，一个叫师襄，这两个人都是孔子的老师。当时，人们为了纪念这两位长寿名人，将长河和沙河合称为长寿河。

据南北朝年表记载，在南齐永明三年，即公元 485 年，在长寿店设立了长寿县，距今已 1 500 多年，由此可见长寿历史文化的久远。长寿井是长寿镇所特有的，井深 18.8 米，水深 15.8 米，内径约 1.08 米，井口直径 0.8 米。长寿井水质清澈，甘甜可口，一年四季井水不干也不外溢。听当地老人说此井水有清热、利湿、止痛之功效，平时有头痛脑热、腹痛腹泻的病人，只需饮用此井水就能"水"到病除。于是，方圆百里的人们成群结队到此取水，每到傍晚时分，井旁就列队如龙，经年不衰。有歌谣道："长饮井中水，能活九十九；食用井中水，疾病绕道走。"井水让人健康长寿，因此也有了"长寿井"的美誉。

长寿镇的名优特产也会让人回味无穷。其中，长寿米与胭脂梅是长寿镇最有名的两种特产，具体特色如表 10-2 所示。

表 10-2　钟祥市长寿镇的名优特产

特产名称	特　色
长寿米	钟祥气候温和，土肥水美，盛产水稻。其中以长寿米为优，有黑稻、香稻等 8 个品种。长寿米形长，颗粒饱满，色泽晶莹，口感好，含多种人体必不可少的微量元素，是钟祥人长寿的重要因素
胭脂梅	胭脂梅以肉肥、汁浓、个大、酸甜适度、味道鲜美而扬名荆楚。主要生长在长寿河沿岸，其果实丰满、色泽红润，被评为"湖北省一级鲜果"

五、石牌镇

石牌镇位于钟祥市西南部，汉江水道依镇而过。石牌镇的文物古迹众多，根据 2016 年 9 月该镇政府官网显示，石牌镇有各级文物保护单位 45 处，保存完好的古街道 12 条，明清民居建筑群落 100 多处。留存的主要建筑有古戏楼、付氏民宅等；古文化遗址有大官堤遗址、万子田遗址、彭家台遗址、上陈坪遗址、乐堤城址、瓦瓷窑址 6 处；古墓葬有长岗岭墓群、石岗墓群、肖家冢墓葬群、冯家双冢墓等 25 处；古石刻有重修凤台寺前后殿碑、重修崇果寺碑记、正气凌霄匾 3 处；革命遗址及墓葬有辛亥革命老人邹荣煊墓、贺龙元帅祖籍地、石牌火神街 56 号、石牌老街 4 处。

石牌镇的旅游景点主要有石牌古镇和彭墩乡村世界。石牌古镇街巷格局基本保留原始面貌，有山街、上正街、集街、西街、衣街、东街、杉南街、药王街、火神街、仁和街 10 条，萝卜口等巷道 3 条。各街巷的连接通常采用丁字路口或"Y"字形方式，而"十"字出现较少。石牌古镇内闾门原为安全防卫所设，也起着分隔空间的作用，同时将街道两侧建筑山墙连为一体，圆弧形的门洞类似中国古典园林中的月洞门起着框景的作用。彭墩乡村世界位于石牌镇彭墩村，是国家 4A 级景区，主要观光项目有农民住宅小区、现代农业产业基地、农民公园、彭墩文化广场、彭墩文化艺术中心、农耕文化博览园、购物一条街八大项目数十个观光景点。

石牌镇的名优特产主要是石牌豆腐。石牌镇的豆腐制作可以追溯到汉朝。相传三国时关羽在一次去襄樊视察途中，沿汉江回荆州途经石牌，见沿岸许多百姓患有红眼病，遂向郎中请教如何治疗。有郎中建议，将黄豆浸泡后磨浆，制成豆腐食用，可清热下火。古镇人就此发现了豆腐的优点，豆腐作坊自此在石牌代代相传。石牌黄豆做出的豆腐具有细、嫩、白的特点。2013 年 9 月，《石牌豆腐制作技艺》成功入选湖北省非物质文化遗产名录。

六、张集镇

张集镇位于钟祥市东北部，距钟祥城区郢中街道 50 千米，东邻客店镇，南濒温峡口水库，西连宜城市，北交随州市。

张集镇留存的文物古迹众多，至 2011 年，该镇有 7 处遗迹被列为钟祥市级文物保护单位，分为古墓葬、古建筑、革命遗址三大类，具体如表 10-3 所示。

表 10-3　钟祥市张集镇的文物古迹

古墓葬
张汉墓，位于张集镇黑王寨村易家小湾，为明朝隆庆年间兵部尚书张汉之墓，墓地面积约 2 400 平方米 侯家嘴墓群，位于张集镇张畈村，为明代时期古墓葬，墓地面积约 500 平方米，墓群主要由两座古墓组成 王氏夫妇墓，位于张集镇黑王寨村易家小湾，为清代时期古墓葬，墓葬底封土周长 6 米，残高 1.2 米

续　表

古建筑
王氏节烈坊，位于张集镇牌坊村东600米，建于清乾隆四十四年（1779年），是四柱三间五楼仿木结构青灰石牌坊 老街，张集镇老街房屋都是青砖熟瓦，一律两层木楼，临街墙用木板装成，晚装早卸，便于生意，一条主街横穿东西

革命遗址
《江汉日报》社遗址，位于杨畈村。1948年6月，中共江汉区委机关报《江汉日报》创刊，同年底，《江汉日报》社从京山县搬到杨家大畈（现杨畈村四组） 江汉军区中州币印刷厂遗址，位于斋公岭村。1948年11月，印刷厂从随县茅茨畈迁到了唐家河（现张集镇斋公岭村一组）

七、九里乡

九里回族乡地处汉水之滨，钟祥市中东部，东与大口国家森林公园相连，西与钟祥市郢中街道接址，北与世界文化遗产明显陵相依，南与柴湖镇比邻。九里回族乡是湖北省荆门地区少数民族的主要聚居地，境内文物古迹众多，曾获"全国民族团结进步先进集体"等荣誉称号。

九里回族乡地方文化色彩浓厚，在服饰、饮食与节庆上独具风格，具体如表10-4所示。

表10-4　钟祥市九里回族乡的地方文化

民族服饰
九里回族乡境内回族的服饰男女有别，老少有别，保持着鲜明的民族特色。男性回民一般多戴无檐的回回帽，有黑白之分，大多数人喜欢戴白帽。也有不戴帽子的，用白布和白毛巾裹头，故有缠头回回之称。衣服一般喜欢穿对襟白衬衫，有的还喜欢穿白裤子和白布缝制的袜子。回族妇女过去有戴盖头的习惯，盖头从头顶披到肩上，扣在领下，把头发、耳朵、脖子都掩盖起来，把脸露在外面。盖头有少女、媳妇、老人之分，一般少女戴绿色的，已婚妇女戴黑色的，老年妇女戴白色的。一般人都是穿大襟上衣。回族童装一般不分男女，但回族小孩穿过的衣服忌讳送给别人，回族男女都喜欢穿坎肩。随着社会的发展，大多数回民开始购置各种布鞋、运动鞋和皮鞋，但不少人仍忌穿猪皮鞋

日常饮食
九里回族乡境内的回族居民主食以大米为主，副食以蔬菜为主，食油以植物油为主，和汉族基本相同。但不少回族居民对饮食的选择是相当严格的，只吃反刍的动物肉食，忌吃猪、马、驴、骡等不反刍的动物肉。回民在饮食方面还有许多嗜好，如粉蒸牛肉、红烧牛肉、烧牛脯、烧牛蹄筋、卤牛肉、牛肉煨汤、锅贴、炸馒、炸饺、牛肉凉面、牛肉豆皮、牛肉饼、牛肉包子、油香、馓子等

特色节庆
九里回族乡境内伊斯兰教的纪念节日很多，其中主要的有开斋节、古尔邦节和圣纪节。开斋节是伊斯兰教的三大节日之一，也是中国回族、维吾尔族等十个少数民族的盛大节日，时间为伊斯兰教历的 10 月 1 日

九里回族乡的文物古迹较多，共有省、市级文物保护单位 110 处，主要有位于肖店村的千工坝桥和位于杨桥村的龙泉寺。除此以外，还有明兴献王岳父母中兵马指挥蒋学支及儒人吴氏的墓葬、明嘉靖皇帝早逝的哥哥岳怀王朱厚熙、姐姐常宁长公主和善化长公主的墓葬，以及明太祖朱元璋第二十四子郢靖王朱栋的墓葬等。李家台村的张家坡曾是新四军第五师后方医院和"七七"报社的所在地。

九里回族乡的名优特产主要是山泉米与龙山胡柚。九里回族乡境内拥有 2 万亩优质水稻生产基地，水稻采用国家级大口森林公园生态区内的天然矿泉水灌溉，所产大米称山泉米；龙山胡柚果形呈椭圆形，皮厚个大，含糖量低，可清火解酒，每年农历冬月成熟，小寒前后上市。

第三节　问题与不足

钟祥市的长寿文化历史悠久，在继承与发展长寿文化旅游的过程中，取得了显著成果，但也存在一些疑难杂症和发展短板。

一、发展战略定位不高

近年来，钟祥虽然已将打造世界长寿之乡作为经济发展的重要战略来实施，但仍存在对长寿文化品牌建设、长寿产业发展的重要性认识不足、战略定位不高的问题，尚未将之上升到主导产业、第一产业、第一文化创意产业的战略高度来抓，尚未形成全市上下高度关注、积极参与的浓厚氛围。

二、旅游发展规划不够健全

相比江苏省南通市、浙江省丽水市等长寿之乡，钟祥的长寿文化旅游建设明显滞后。一是缺乏规划。关于世界长寿之乡建设没有总体规划和项目规划，没有与城市总体规划，工业、农业、旅游业等各个专项规划有效衔接，造成招商引资难、统筹开发难，同时缺乏有特色的长寿文化景观、地标设计。二是组织力量薄弱。钟祥世界长寿之乡建设资源分散、条块分割，缺少一个高规格的综合协调机构来统筹建设，长效常态化工作机制尚未建立。

三、品牌宣传力度不够

一是形象定位不够清晰，差异化特色不鲜明。比如，江苏省如皋市定位为"世界长寿乡，水绘金如皋"，安徽省金寨县定位为"长寿之乡，养心金寨"。钟祥打造世界长寿之乡品牌缺乏整体策划，形象定位不清晰；各种产品与长寿的元素没有有效结合起来，卖点不突出，市场感召力不强。二是宣传活动在广度、深度、密度上还存在差距。虽然钟祥举办过"长寿与发展"论坛等活动，但宣传氛围不浓，缺乏整体连贯性，长寿之乡大宣传格局尚未形成；缺乏高层次的专业营销人才，对外宣传投入有限，在国内外知名媒体宣传少，市场覆盖面不广；对"互联网＋品牌"缺乏研究，没有充分发挥传统媒体、自媒体、新媒体的融合宣传功能。

四、产业支撑度、融合发展度不够

一是没有做足产业结合文章。一二三产业链中，长寿元素彰显不够。在第一产业中，农产品种植加工营销未充分体现长寿优势。虽有一些地方特色产品，但缺乏像如皋塌塌菜、金华火腿等叫得响、打得出去的产品；第二产业中，围绕养老养生开展工业设计，引进发展装备制造、环保卫生等产业不够，尚未形成布局合理、相互依存的全产业链；第三产业中，长寿文化旅游的亮点不突出，相比襄阳的唐城文化、随州的炎帝文化、广西巴马的长寿旅游等差距甚大。长寿产业项目少、规模小、影响力小。同时，健康养生、休闲度假、养老疗养等与长寿文化密切相关的产业没有实现无缝对接。二是缺少载体支撑。长寿食品产业园尚在建设之中，长寿小镇尚处于规划阶段，长寿产业的链条化、集群化还未形成，对经济的贡献度不高，对周边地区长寿产业的集聚力和带动力不强。

五、长寿文化的看点不多

江苏省如皋市建立了长寿园，出版了《寿乡密码》系列丛书且免费赠阅，并将当地所有的旅游景点印在一张"寿"字小挂件上摆放在宾馆、饭店的醒目位置，让寿乡特色随处可见且生动形象、一目了然。但钟祥没有长寿文化集中展示区，缺乏特色看点，使长寿文化缺乏吸引力和影响力。

第四节　改善建议

钟祥应着力使长寿现象变为长寿红利，将长寿资源转化为长寿资本，将长寿优势转化为旅游发展优势。实现产业发展长寿化、项目建设差异化，是钟祥打造世界长寿第一乡的关键。在众多寿乡中，唯独钟祥拥有两大世界级品牌：世界长寿之乡和世界文化遗产所在地。钟祥只要发挥得天独厚的优势，抢抓机遇，完全有可能打造成为世界长寿第一乡。长寿文化旅游发展才会更进一步。

一、进行科学规划，强化世界长寿第一乡的战略地位

打造世界长寿第一乡是一个系统工程，需要相关部门通力合作，也需要全社会共同参与。一是注重规划引领，高起点、大手笔谋划世界长寿第一乡建设工作。坚持规划先行，认真编制《钟祥世界长寿第一乡建设发展总体规划》，规划布局要高端化、全域化、生态化、产品化、视觉化，着力打造四张名片：世界长寿文化的集中地、中国长寿食品的集散地、长寿旅游休闲的目的地、长寿养生养老的理想地。建立鲜明的文化品牌定位、城市形象定位、长寿产业发展定位及寿乡识别系统、传播创意、营销机制。二是抢抓机遇，全力打造世界长寿文博基地。钟祥打造世界长寿第一乡必须有独一无二的醒目标志，才能在与全国同类城市的竞争中脱颖而出。当前，我国长寿文化研

究与长寿产业发展还处于起步阶段，长寿文博基地还有待建立。为此，笔者建议学习借鉴江苏省南通市"中华慈善博物馆"、陕西省宝鸡市创办"中国青铜器博物院"的经验，积极争取国家、省、市的支持，创办世界长寿博物馆、中国长寿文化主题公园、中国长寿学院等，让钟祥成为知名的世界长寿文博基地。三是抢占品牌制高点。升级"长寿与发展"论坛，与生命科学研究结合起来，定期举办"世界长寿·生命科学"论坛，邀请国际国内知名专家学者，系统、广泛地研究钟祥长寿现象，探讨生命科学、健康管理、长寿产业、生态旅游、文化创意等。比照博鳌论坛的成功经验，将世界长寿论坛永远扎根钟祥，让世人一想到长寿论坛，就能想到湖北荆门的钟祥，而一想到湖北荆门的钟祥，就想到世界长寿论坛和世界长寿第一乡。积极营造长寿文化氛围，学习江苏省如皋市一张"寿"字挂件印上全市旅游景点的做法，精心打造随处可见、独具特色的长寿路、长寿村、长寿街区和长寿景区，将长寿贯穿城市建设、产业发展的全过程和方方面面，成为钟祥的独特印记。

二、推动长寿产业突破性发展

随着健康中国、健康湖北建设的深入推进，长寿产业前景无限，各地各部门在城市建设、产业布局上应充分注入"长寿"元素，强力推进长寿产业快速发展。一是建立和完善长寿产业投融资体系。组建荆门长寿产业投资集团，可依托政府投融资平台，吸收社会资本，联合银行、基金公司共同发起设立长寿产业发展引导资金。研究制定《荆门市突破性发展长寿产业的意见》，对开发长寿文化、发展长寿产业在政策支持、项目策划、招商引资、措施保障上予以明确，推动全市长寿产业资源整合，实现统一开发、统一运营、统一宣传推介，并建立与之相适应的资源共享、统一管理、政企分开、运转高效的管理体制、市场运作机制和互利共赢的投融资、利益分配机制，推动长寿产业跨越式发展。二是唱响长寿文化品牌。钟祥可将长寿文化作为第一品牌，荆门可将其作为一张重要的城市名片来打造，有计划、分步骤地持续推进，从局部到整体，把长寿文化品牌落实到城市建设与发展实践中，落实到城市的工作、产品（服务）中，体现在城市标识、物产文化、行为规范、政府服务、市民素养等各个方面，全方位推进钟祥长寿文化品牌打造工作，使之成为生态良好、环境优美、城乡一体、产业融合的世界长寿文化品牌建设示范区。三是支持突破性发展大健康产业和生态旅游业。关注人们从摇篮到天堂的长寿产业链条，着重围绕"养""游""医""健""食""管"等要素，把发展大健康产业和生态旅游业摆在突出位置。比如，建设中国农谷长寿养生休闲旅游区，整合资源打造好大洪山健康养生游、钟祥长寿文化游、荆钟京乡村休闲游等精品线路；创新思维，认真谋划构建一批健康产业重点基地，推进建设一批重大项目，培大育强一批骨干企业，努力形成一批如中国农谷长寿食品产业园、泰康大健康产业园、莫愁村等知名品牌和产业集群；推动医疗医药、健康食品、生态休闲旅游业、养生（养老）房产业、养生（养老）医疗与健康管理业、养生（养老）教育培训业、养生（养老）文化业、生态养生农业、生态养生林业、养生（养老）用品制造业的发展。四是大力发展长寿特色小镇。加快建设彭墩长寿小镇，支持其高标准建设长寿湖、长寿食品产业园、智慧农业示范区等核心区，将之打造成为类似浙江省衢州市"龙游龙天红木小镇""常山赏石小镇"等精品特色小镇，并以之为龙头在现有美丽乡村建设基础上，融入长寿元素，实行长寿文化"一核多极""一线串珠"，加快建设客店镇、长寿镇、漳河镇等一批特色长寿小镇，增加长寿文化看点。同时，在全市合理布局建设长寿食品产业园，大力扶持开发长寿文化保健品、长寿食品、长寿旅游纪念品，做大做强长寿产业，为钟祥打造世界长寿第一乡提供产业支撑。

三、强化品牌营销，增强钟祥长寿之乡的影响力

巴黎的"时尚之都"、香港的"动感之都"、维也纳的"音乐之都"、斯德哥尔摩的"梦幻之都"，一个个响亮的城市品牌代表的就是这些城市独特的魅力。打造钟祥世界长寿第一乡，需要聘请高端人才营销策划。依托北京大学、武汉大学生命科学院等高校、科研院所及地方长寿文化研究机构组建一支高素质的长寿研究人才队伍，整合政府、行业、企业资源，宣传钟祥世界长寿第一乡品牌；建立荆门市长寿文化研究院，设立院士工作站，为长寿产业健康快速发展提供智力支持，研发长寿产品；开展"长寿产品进北京、进武汉"活动，打造"中国农谷·世界寿乡"品牌，推动产品进入北京、武汉等城市的各大农贸市场、超市和社区，扩大荆门长寿产品的知名度和市场占有率；加大投入，面向全国征集世界长寿第一乡宣传广告词，并借助各地媒体矩阵，综合运用多元立体传播途径，采取媒体造势、活动助推、广告投放和网络互动等方式轰动式进行城市形象营销，让钟祥世界长寿第一乡深入

人心、家喻户晓。

四、政府加大支持力度，支持钟祥长寿旅游的发展

钟祥市各地要弘扬孝道文化，营造爱老、敬老的良好氛围，同时出台加强保护高龄老人的政策措施，创造一个良好的养老环境；加强学习长寿文化知识，定期组织干部、职工到长寿展示中心学习，让人人都能讲解好、宣传好长寿之乡；全力发展长寿产业，制订钟祥市长寿产业发展"十四五"规划，以旅游为依托，以食品为抓手，以品牌为牵引，不断推动长寿旅游与其他产业融合发展，不断延长产业链，推动钟祥长寿旅游的健康发展。

第十一章 案例研究：黄梅禅修
养生文化游

唐宋佛教最盛时，现黄冈市地界内就有三百余座大小佛寺。至今中国禅宗祖庭六座，黄冈市下辖的黄梅县凭四祖寺、五祖寺独占其二。五祖寺香火最盛，又名东山寺，是中国禅宗第五代祖师弘忍于唐永徽五年（654 年）创建的道场。始建于唐朝的五祖寺经历代兵燹，现在的建筑多为近现代翻新，但整旧如旧，古风浓郁，细心观察会发现不少飞檐、门窗刻有佛教的图案与典故。

第一节　现状与特色

黄梅县隶属于湖北省黄冈市。全县共辖 12 个镇、4 个乡，总面积 1 701 平方千米，根据第七次人口普查数据，截至 2020 年 11 月 1 日零时，黄梅县常住人口 787 783 人。黄梅县地处湖北省东部，长江北岸。东与安徽省宿松县接壤，西与本省武穴市毗邻，南与江西省九江市隔江相望，北与本省蕲春县山水相依，襟鄂、皖、赣三省，连华中与华东两大经济区，素有"鄂东门户"之称。黄梅境内建县始于汉，初名寻阳。隋开皇十八年（598 年），因县境北有黄梅山、黄梅水而得名黄梅。因地处吴头楚尾，荆楚文化与吴越文化在此激荡交融，形成了独特的黄梅文化现象。黄梅是中国佛教禅宗发祥地、黄梅戏发源地、中国工农红军第十五军诞生地和国家级龙感湖自然保护区所在地，是全国武术之乡、楹联之乡、诗词之乡和挑花之乡。"黄梅戏""黄梅挑花"和"黄梅禅宗祖师传说"入选国家级非物质文化遗产名录。

黄梅是中国佛教禅宗发祥地，旅游资源丰富，开发价值和空间潜力大。黄梅县委、县政府把发展旅游产业作为驱动县域经济的重要抓手，提出了旅游创"4A"的战略目标。围绕这一目标，该县紧锣密鼓地做好前期准备工作，有力促进了"4A"争创工作顺利开展。按照国家 4A 级旅游景区标准完成五祖禅文化旅游景区的开发建设，从而盘活黄梅旅游整体资源。建成后的禅文化旅游景区将会改变湖北省的旅游景区格局，实现北有武当山，南有文祥四、五祖的旅游优质组合，成为全省乃至中南地区又一大旅游景区和名胜区，吸引更多的中外游客来五祖观光旅游。这里每年还会组织禅文化夏令营和黄梅禅宗高峰论坛等活动，使黄梅禅宗文化在海内外享有盛誉。

黄梅是中国禅文化的发源地，全国六座禅宗祖庭，黄梅县独占两座。驰名中外的千年古刹四祖寺、五祖寺分别坐落于境内西山和东山；禅宗六位祖师中，四祖道信、五祖弘忍、六祖慧能都曾在黄梅县修行并传承衣钵。有关禅宗祖师的故事在这里广为流传，形成了"黄梅禅宗祖师传说"民间版佛教文学。2011 年 5 月，黄梅禅宗祖师传说被列入民间文学类《第三批国家级非物质文化遗产名录》。

黄梅禅修养生文化主要以禅茶交流、行脚参访、祖庭尘影以及早晚课诵为主要表现形式。自唐代禅宗和茶文化兴盛以来，禅与茶便密切结合，佛门创造和流行"吃茶去""茶禅一味"或"禅茶一味"的禅茶法语，成为中国佛教文化中一个独特的现象。佛家在茶中悟道，在饮茶的过程中通过富含禅宗美学精神的茶道将具有灵性的茶叶与人们的道德修养联系起来，通过植茶、采茶、制茶、饮茶等一系列富有仪式感的过程，使参与者心志得到陶冶、品性得到修炼，乃至人格得到完善。旅游者可通过禅茶交流、行脚参访、祖庭尘影以及早晚课诵来领悟禅宗文化，以此来陶冶自己的性情。

第二节 精品旅游路线

推荐路线：五祖寺—四祖寺—老祖寺。

一、五祖寺

五祖寺，原名东山寺或东禅寺，后世改称五祖寺，位于湖北省黄梅县五祖镇东山之上，地处大别山主脉东端南沿，与九江隔江而望。建于唐永徽五年（654年），是中国禅宗第五代祖师弘忍大师的道场，也是六祖慧能大师得法受衣钵之圣地，被御赐为"天下祖庭"。

五祖寺在中国佛教史上占有重要的位置，也是著名的旅游胜地。1983年，被列为中国开放的重点寺院。2006年5月25日，五祖寺作为唐至清时期古建筑，被国务院批准列入第六批全国重点文物保护单位。

要想了解五祖寺，就要先了解它的历史。五祖寺，建于唐永徽五年（654年），是中国佛教禅宗第五代禅师弘忍大师的弘法道场。弘忍大师在东山开辟道场后，广开法门，接引群品，吸引四方学者，常住门徒多达千余人。武则天立周即位后，提倡佛教。久视元年（700年），请弘忍授法弟子神秀、玄约、慧安等赴内道场供养，并赐为国师。此后，弘忍的声誉愈高，五祖寺的声望也越大。唐大中二年（848年），宣宗敕建五祖祖师寺院，并改赐寺额为大中东山寺，亦曰五祖寺。后来，五祖寺在李唐诸帝的支持下持续兴盛，经久不衰。

北宋真宗至南宋高宗期间，师戒、法演、表自、宗拔等名师任五祖寺方丈，在大兴宝刹之后，修建殿宇佛塔。特别是法演住山时，大兴祖庭，大振宗风。其法裔弟子中，佛果克勤、佛鉴慧勤、佛眼清远三人，时称"三杰"亦称"三佛"，精励自持，广扬佛法，禅风大盛，使五祖寺的名声更加震动天下。宋景德中（1004—1007年），真宗改赐寺额为"真慧禅寺"。英宗于治平年间（1064—1067年）御书"天下祖庭"，徽宗于崇宁元年（1102年）御书"天下禅林"赐给五祖寺。

宋亡后，东山毁于战火，一时冷落萧条。直到元十九年（1282年）了行禅师再入东山，扫寺故基，重兴土木。皇庆二年（1313年），三韩万奇上人从沔王请，奉弘忍肉身还东山。至治二年（1322年），法式禅师精励自持，做大殿，奉祖师；做经阁，藏经卷；梵刹佛像俨然一新，金碧辉煌。后来五祖寺几经劫火，又多次重修。元至顺二年（1331年），文宗改赐寺额曰"东山五祖寺"，简称五祖寺，此名一直沿用。

五祖寺有着精致的建筑布局。整个佛寺建筑群，依山势由上、中、下三部分组成，整体像古代宫殿建筑，为中轴线平等布局，层次分明，寺院建筑面积近5万平方米。四大主殿天王殿、大雄宝殿、毗卢殿、真身殿依山势高低建于中轴线上。殿宇建筑，斗拱交错。五祖寺主要殿宇还有麻城殿、圣母殿、千佛殿以及方丈、禅堂、寮房、客堂、戒堂等。天王殿和大雄宝殿为近年新修重建之殿宇，古朴而有气势。

二、四祖寺

黄梅四祖寺位于距黄梅县城西北15千米的双峰山之中。黄梅四祖寺古称幽居寺，原名正觉寺，又名双峰寺，是中国佛教禅宗第四代祖师道信大师的道场。寺庙始建于唐武德七年（624年），距今已有1000年的历史，是中国禅宗第一所寺院。明正德、万历，清同治年间多次重建，终毁于兵燹。现存毗卢塔、众生塔、衣钵塔、灵润桥、四祖殿、蕉云阁及多方摩崖石刻。

黄梅四祖寺不但在我国佛教发展史上占有重要地位，而且在国际上，特别是在日本、印度、韩国等国家享有盛誉，是著名的旅游胜地。

整个古寺建筑群依山顺势，由上、中、下三大部分组成，结构布局规范，层次分明，殿堂楼阁盘亘交错，层层叠叠，古色古香。主体建筑有天王殿、大佛殿、祖师殿、地藏殿、观音殿、课诵殿、衣钵案、钟鼓楼、大悲阁、法堂、禅堂、藏经楼、华严殿、半云底、方丈室等。除了寺庙建筑群外，还有许多名胜古迹，如原义丰县遗址、一天门、凤栖桥、引路塔、龙须树、二天门、天下名山石碑、花桥、碧玉流、洗笔泉等摩崖石刻，以及毗卢塔、鲁班亭、传法洞、观音寨、宝光石、紫云洞、双峰山等三十多处景观。

走出古寺，北行不远，就到了衣钵塔。塔身为3层，高3.8米，基座宽2.2米，塔为麻石砌筑而成，是寺庙一大景观。相传，四祖道信大师晚年在此将衣钵传给了他的得意弟子五祖弘忍大师，为纪念此事，特造此塔。

在衣钵塔附近，还可以看到一座石亭，俗称鲁班亭，为寺庙三大奇景之一。塔身高5米，宽3.6米，塔呈八方形，中间有一块大圆石，俗称"凤凰窝"。塔顶上面分为六大方块，其中三方盖有石块，三方未盖石块。该亭具有宋代建筑风格，在全国实为罕见。相传，四祖道信在修建大佛殿时，急需200多棵楠木，庐山一些信士弟子得知后，主动捐献了200多根。可是这些楠木由庐山搬回四祖寺并不容易。兴建大殿的木工主师是鲁班第十八代子孙，他自幼聪明好学，手艺高强，并精通道法。相传他来到双峰山顶上，手持一件百袖衣，使用一个道法，将白纳衣化成一朵白云飘向庐山，不一会儿，这朵白云又飘回来了，刚一落地，只见200多根楠木整整齐齐地摆在寺庙工地上。后人为了纪念鲁班子孙建殿的功绩，特建此亭。

看完鲁班亭，向西北山岗上走去，可看到一座唐代毗卢塔。该塔俗称慈仁塔、真身塔、四方塔，占地面积约1 200多平方米，塔略呈方形，单层重檐亭式，塔身为青砖仿古结构，高11米，塔基面阔10米，进深10米，塔座上置有高大双层束腰须弥座，塔的四周刻着各种花鸟，以及线条清晰流畅的莲花瓣和忍冬花图案。塔的东南西三方设有高大的无门扇的莲弧门。据《五灯会元》记载，"永徽三年四月八日塔户无故自开……后门人不敢复闭"。塔的北面设有假门，以避风雪。塔内为穹隆顶，中为四方形，下为八方形，八面墙壁，其中四壁设有佛宪，柱、梁、桁、椽都有石条和青砖仿古结构，顶端砌有三个大小不同青石塔顶，塔的四方上部砖块上雕有"边毗罗国诞生塔""摩迦罗园诞生塔""边户国转法轮塔""舍卫国现神通塔"的字样。全塔体态端庄，古朴典雅，气势恢宏，四周景色秀丽。该塔是四祖道信大师得意弟子五祖弘忍大师亲手创建于唐永徽二年（651年），距今已有1 000多年历史，已被列为湖北省重点文物保护单位，它是我国保存最完好的唐代佛教古塔之一，为研究我国的佛教文化和古塔建筑艺术提供了宝贵的历史资料。

在毗卢塔不远处，就是传法洞。此洞为一天然石洞，洞内可容纳2～3人，洞口上的一块大岩石酷似一只大猛虎，形态极为逼真。洞口前建有一座古庙，终日香火不断。相传，四祖道信大师经常在此洞讲经传法。有一次，四祖大师正在向五祖弘忍讲《般若经》时，忽然有一只猛虎路过此地，听见洞里有人在讲经，就被吸引过去，悄悄地伏在洞口偷听，不知不觉就听迷了。待四祖大师讲完经文后，这只猛虎也顿开大悟，决心改恶行善，就此归入佛门。千百年过去了，这只猛虎仍然屹立在洞口，护卫这块神圣地方。

三、老祖寺

老祖寺古名紫云山寺，坐落于黄梅县境北端的紫云山莲花峰下，因紫云峰巅由七座峦头相对并列，状若莲瓣相聚，故名莲花峰。其下有盘地，老祖寺在其间，恰如莲心吐蕊，花瓣托心。寺院周围群峰耸立，危岩参天，云雾缭绕，苍松翠竹，风光秀丽，气候宜人，乃不可多得之人间仙境、避暑胜地，有"紫云佛国"之美誉。由于历代兵乱，老祖寺几度废毁，昔日梵刹仅存瓦房数间，一片荒凉。2005 年，全国政协委员、中国佛协副会长、四祖寺现任方丈净慧大和尚发愿再振名蓝，鄂东古刹得以重兴，成为避暑览胜、礼佛参禅的现代旅游景区。2005 年，老祖寺开始重建，2009 年 10 月 27 日，黄梅县举行老祖寺重建落成暨开光庆典，景区共有莲花桥、讲经台、菩萨洞、紫云雾雪、龙溪潭等 28 处景点。

据史料记载，老祖寺乃东晋太和年间由印度来华高僧千岁宝掌禅师开山创建。据传，宝掌禅师比禅宗初祖达摩来中国还早三百余年，当其行化紫云之时，恰值禅宗四祖道信、五祖弘忍住持破额双峰山、冯茂（东山）二山，因其年高岁长，世人皆称之老祖，尊其所创伽蓝为老祖寺。

老祖寺自宝掌禅师开山以来，历代高僧辈出，盛时有 600 多僧人常住。相传宝掌和尚圆寂百年后，六祖慧能的三传徒孙天王道悟卓锡登临紫云，居宝掌故址，扩建寺院，缘得乌沙潭龙王力助，粮、木俱全，因此老祖寺前至今尚有"出米池""出木池"等神传遗址。宋、元、明期间有静川、道安、香村等高僧大德继席于老祖寺，清有顺治皇帝赐封为圆照国师的慧恩法师住山持戒。由于明朝兵部尚书汪可受在紫云山建挪步园山庄，老祖寺也并入了有"小庐山"之称的挪步园风景区。因此，老祖寺虽地处山泽但声名远播，自古就有许多僧儒名家前来观光游赏，留下了许多诗文题咏。

第三节　问题与不足

黄梅禅修养生文化虽然在近些年取得了一系列的成果，但是在发展禅修养生文化中存在一些问题与不足之处，需要我们去解决与改正。

一、文化吸引力不够强，品牌效应差

黄梅的禅宗文化在中国佛教界的影响力是不言而喻的，古称"蕲黄禅林甲天下，佛教大事问黄梅"，可见黄梅的禅宗文化在中国佛教的地位。但有学者曾统计调研过，来黄梅禅宗寺庙游览的客人中大部分来自湖北省内。来自黄冈地区的人数最多，其次是武汉地区，最后是湖北其他地区的游客。省外游客主要来自江西和安徽，但省外游客总人数并不多。作为中国禅宗文化的发源地，该地旅游吸引力明显没有达到应有的程度。尽管举办了"禅文化夏令营""佛教讲座"等活动，吸引了不少佛教团体、居士以及佛教信仰者，但对其他游客的吸引力不足，对其他省份游客的吸引力更是不够。由于黄梅禅宗品牌不够响亮，市场吸引力较小，禅宗产品的知名度不够高。

二、养生体验式旅游产品不够健全，主题不够明确

黄梅虽然拥有着独特的禅宗文化，但目前黄梅禅宗的旅游产品对自然和人文旅游资源上的开发和利用还不够明显。游客购买门票后，不是自行入园参观游览，就是导游陪同进行讲解。游客自行入园，主要就是爬山礼佛，游客自己能否看得懂，结果就不得而知；导游带入园进行讲解，一般就是讲解一些佛教知识，讲述四祖、五祖的传奇故事。整个旅游产品没有真正的主题，更没有围绕禅修养生这一鲜明主题开展一系列的产品开发与包装策略，缺乏色彩，易造成游客枯燥的旅游体验。

三、旅游基础设施建设还不够完善，景区设施建设差异大

五祖寺楼阁殿堂众多，它的整体布局和四祖寺相差无几，都是依山势而建，分为上、中、下三个部分，五祖寺与四祖寺的基础设施建设相对于老祖寺而言较为完善。近年来，黄梅政府也高度重视四祖寺与五祖寺的基础设施建设，正尽力打造5A级五祖风景区，但四祖寺与五祖寺同国内著名寺庙相比，如浙江灵隐寺、河南少林寺等，在基础设施建设方面有所不及。

第四节 改善建议

一、加快项目建设，构建核心吸引物

第一，五祖寺核心区。五祖寺核心区项目是黄梅禅文化旅游区"十三五"期间重大建设项目。项目位于五祖寺景区，规划面积 16.39 平方千米。由湖北鄂旅投黄梅公司作为投资主体，项目建设周期为 2015—2020 年（由于新冠肺炎疫情的影响，周期被拉长），计划总投资 12.8 亿元。该项目突出"天下祖庭，国际禅都"的主题，紧扣禅学、禅修、禅养主线，以世界高度、国际化水准探寻新型城镇化运作模式，打造以"禅宗文化、山水生态"为内容，具有鄂东特色的现代化新型禅宗文化生态旅游特区，构筑湖北"东禅西道"文化旅游新格局，努力赶超省内外各大宗教文化旅游名山。力争用 5 年的时间，将五祖寺景区打造成 5A 级旅游景区，实现年接待游客 200 万人次以上，成为黄梅禅文化旅游区项目的引爆点。该项目依托东山，以五祖寺为核心，构建南贯北通的主轴线，形成"一轴十二景"总体布局，包括禅定大道、心华园、梵乐宫、菩提小镇、东山法门、天下禅林、禅修中心、天下祖庭、东山古韵、安心阁、十万洞、农禅苑 12 个工程。项目总建筑面积 100 000 平方米，其中游客服务中心 10 069 平方米，东山法门 2 100 平方米，梵乐宫 10 000 平方米，安心阁 4 000 平方米，五祖寺钟楼 3 502 平方米，禅修中心 4 300 平方米，菩提小镇 49 250 平方米，天下禅林 15 514 平方米，心华园 800 平方米，换乘中心 1 543 平方米，水景工程 47 097 平方米，景观绿化及道路工程 352 402 平方米。

第二，老祖寺景区。项目位于黄梅县城区西北约 10 千米，范围依据《五祖寺—挪步园风景名胜区总体规划》中老祖寺片区和挪步园片区的核心部分划定，包括老祖寺院及周边国营农场、农八户、老祖村、中垸村、挪步园、下畈村全部和陈胜驿村、上鸣水村、泗渡河村部分地界。涉及范围面积约 29 平方千米。主题定位为"紫云佛国，净心禅养"，依托老祖寺自然山水生态与禅修意境完美融合的环境，突出养生度假、休闲避暑、深度禅修体验的功能。文化体验主要是深度禅修，包括茶禅一味、清心养生、避暑览胜三条主线。记忆并传承禅修、禅茶、禅食、禅养等禅文化元素。外在载体形成主体创意项目包括老祖寺、茶耕园、禅茶堂、紫竹庄、清心舍等及已建成的老祖寺景点，为老祖寺核心片区；辅助项目包括挪步园、清养园、奇石苑、山花坡、健身径、白云洞等景点提升项目和新建紫云小镇，为挪步园拓展片区。

第三，四祖寺景区。项目选址位于四祖寺，包括西山（双峰山）山下四祖寺建筑群、灵润桥至四祖传法洞所在的轴线及两侧区域和芦花庵（下院）区域。涉及范围面积约 7.91 平方千米。主题定位为"农禅并重，生活清修"，功能定位为禅文化清修、禅画体验、禅医科普、禅食静养等，清静体验生活禅文化。禅文化体验包括四祖寺道风的清修体验、明鉴法师的禅画感悟、道信大医禅师的禅医传承、黄梅西山的禅食静养 4 条主线。弘扬并传承禅修（禅文化夏令营、禅七、禅宗文化参访、短期出家、义工服务等）、禅画（临摹创作、名师参禅）、禅医（百草科普、药材领种）、禅食（绿色种植、素食养生等）等禅文化元素。外在载体形成主体创意项目包括慈云阁、碧玉流、灵润桥、毗卢塔、绿品源、百草苑、清悦寮及已建成的四祖寺等，为四祖寺核心片区；辅助项目包括已建成的芦花庵、鲁班亭、观音寨等景点提升项目和正在建的大金塔景点，为双峰山拓展片区。

第四，南北山景区。项目位于五祖寺以东，包括南山和北山二山，以及南北山村、古月石村、南冲村和古角水库部分水域，面积约 14.49 平方千米。主题定位为"石景百态，山水幽情"，功能定位为展示与体验禅宗文化与石文化、登山观光、养生度假、体育健身等。

二、整合旅游资源，引导游客深度体验

黄梅禅文化旅游区环线依水靠山、山高林茂、空气清新、碧云水影，多样性较突出，自然资源赋存优裕，是人与自然亲近、养生怡心的天然场所，是禅文化旅游区的主要旅游通道，也是展现禅宗旅游形象和加深游客体验的重要载体。规划以山地、林地、田地为生态斑块，通过水系、道路等线性元素，建立一条集生态、文化、游憩于一身的景观廊道，形成水域景观带、田园景观带、村镇景观带、山林景观带 4 个特色景观带。

第一，水域景观带。从五祖寺到老祖寺途经垅坪水库，南北山至老祖寺

途经古角水库，库区水质清澈、山水秀美、风光旖旎。对路段沿途植物进行规划，保证视线通透，让游道上拥有最佳的欣赏景观的视角。营造俯首是溶溶秀水、举目是巍巍青山的山水映衬的景观视域线，使游客视角俯仰变化而看到不同的景观，令人流连忘返。在沿水域设置两处休憩点，让游客近距离欣赏水库宜人的风光。

第二，田园景观带。从苦竹乡至四祖寺，后段公路沿途有柑橘、桃树等经济苗木，结合农田沿线农业生产结构的调整，增加特色农产品的种植，如油菜、向日葵、水稻、柑橘等，不同的农田斑块，表现出不同的美学形象。同时，利用地形、陡坎、田埂、水系等景观要素进行穿插、排列，使之构成有序的景观肌理，形成一个具有韵律、节奏的景观空间。远观农田阡陌成行，田园风光在远山绿色背景的衬托下凸显美丽乡村景观。

第三，村镇景观带。从四祖寺至五祖寺，五祖寺至古角水库，途径五祖镇、停前镇、苦竹乡、柳林乡以及多个村落。结合区域村镇规划，将该路段作为新型城镇化的展示廊道，展现禅文化旅游区的风土人情。加强沿路建筑立面景观的规划和建筑高度的控制，突出沿途两侧建筑的禅意风格，同时增加村落林地建设，在道路与建筑之间扩大乔灌木种植，创造村落隐现层林之间的自然和谐美。沿途依托路边村落设立两处休憩点，其风格与乡村村落景观相协调。

第四，山林景观带。水域、田园、村镇景观带之外的其他区域为山林风光带，现有林木包括香樟、樱花、红叶石楠、茶树、栾树、桂花、杨树等。沿途的地形地貌景观主要包括奇特的山峰造型、连绵不断的山体、茂密的林地以及由于地形高差所形成的特定空间组合，对沿途道路边坡进行生态防护，发展风景林和生态经济林。同时，提升山林群落质量，针对人工林单一的问题，进一步丰富树种结构，增加旅游公路景观的自然野趣。在山林景观段选取视野开阔处设立休憩点。

三、促进产业融合，构建产业集群

首先，加快以禅文化为核心的旅游产品开发。黄梅禅文化旅游区以禅文化旅游为核心产业，以禅文化深度体验和寻根朝圣为内涵，形成禅文化展示、观光、体验、禅修、养生、度假等核心旅游产品体系。一是打造湖北黄梅禅学院、禅文化研究院等，积极申报自主知识产权和产品专利，占领禅文化的上游高地。二是依托禅宗文化资源和自然旅游资源，挖掘禅文化中的养生内涵，开发禅修养生、素食养生、禅茶养生、禅农并重等旅游产品，并且配合中医、瑜伽、太极、八段锦、按摩推拿等其他养生项目，主要针对的目标市场人群为中老年或对健康需求较高的群体，使黄梅成为一处禅文化养生佳境。三是把禅文化心灵旅游打造成高端旅游产品系列，开办面向企业和政府中高层的禅修体验班、佛学智慧讲堂，形成较固定的禅茶高端会馆、企业家俱乐部，让禅文化修学成为一种社会风尚，把黄梅打造成为禅文化修学的一处圣地和佳境。

其次，加快其他本土文化旅游产品的开发。在禅文化主题品牌下，繁荣黄梅其他与禅文化相关的产业，如黄梅品牌的禅茶馆、禅文化品牌体验住宿业、餐饮业、农禅并举的生态农业、禅文化商品制造业，黄梅戏、黄梅挑花、岳家拳文化、楹联文化、诗词文化等其他黄梅特色的文化产品，形成禅文化旅游产业、文化产业和其他各类相关产业相互带动、共同繁荣的禅文化产业集群。

最后，加快新型城镇化和新农村建设。以禅文化旅游区的建设为推手，以旅游产业发展为新引擎，强力推动乡镇社会、经济、文化全面发展，促进以人为本的新型城镇化建设；以禅文化旅游区的建设为契机，以保护村落原生态环境、维护村落风貌为宗旨，建设具有独特禅宗文化意味的"美丽乡村"。严禁大拆大建，可以通过增设斋菜馆、禅茶社、佛教用品店等禅宗主题的公共服务设施，街道、村落建筑物上增设文化符号等形式，烘托文化氛围和旅游氛围，增强游客视觉、听觉多维感官体验。

四、加快基础设施配套，提升服务接待能力

第一，加快北部山区旅游公路桥涵建设。对北部山区133千米的旅游路网按照国家二级旅游公路的标准进行提档升级，全面改造黄梅镇至各旅游区的旅游专线，提升路面等级，加强路旁绿化，完善道路设施，打造便捷的旅游通道，增强游人体验感。具体如下：老祖寺—五祖张思忍（黄界线）山岭重丘二级公路全长31.931千米；五祖寺—四祖寺（观音岩）平原微丘二级公路29.31千米；五祖寺（后门）—望江村（烟张线）山岭重丘二级公路17.6千米；江河村—望江村（烟张线）山岭重丘二级公路22.798千米；挪

步园管理处（黄青线）—老祖寺山岭重丘二级公路 4.307 千米；黄标线王祖二村（大河镇境内黄标线）—四祖寺平原微丘二级公路 7.03 千米。根据旅游区发展拟建五祖东山大桥等项目，同时对旅游区现有的公路桥涵进行扩宽加固，提档升级。

第二，加快污水处理、垃圾转运、给排水、通电、通信等基础配套设施的建设。重点是污水处理和垃圾转运。目前，五祖镇有建成的排水设施，但容量不够，不能满足未来的景区发展需求，也没有任何污水处理设施，污水直接排入附近河流造成相当程度的水体污染。另外，生活垃圾转运能力不够，没有成熟的垃圾转运系统。面对景区游客量的急剧增长，亟须建立一个适应未来发展的污水处理及垃圾转运系统。

第三，加快红色公路永安服务区建设。当前的旅游市场已经从过去的团体游向自驾游、自助游、徒步游转变，尤其黄梅的主要客源来自周边城市，且区内的景区较为分散，在景区建设和完善的同时，要建设景区沿线游客补给站，重点建设红色旅游公路永安服务区，为自驾游、自助游深度旅游体验提供方便。

五、加强旅游软环境建设，提高游客满意度

首先，提高旅游服务质量，优化旅游接待、旅游服务水平。旅游区要进行全民动员，提升当地居民的主人翁意识，加入到宣传黄梅，介绍景区中来，做到人人都是宣传员，人人都是导游员。强化从业人员服务意识，提高服务素养，以自己家乡为荣，在别人没认识之前，旅游服务人员和当地居民自己要认识，在别人没感觉到美妙之前，自己要认识到我们是最好的，是独一无二的。通过培训，提高旅游接待服务人员的服务质量。开展各项优质服务活动，进一步提升规范化、专业化、人性化的旅游服务水平。加大旅游执法检查力度，优化旅游市场环境。

其次，强化旅游公共服务，满足多层次游客需求。适应散客和自驾游为主的发展趋势，提升旅游咨询服务水平。要把旅游咨询服务作为城市公共服务的重要内容，加快建设旅游咨询服务中心（站、点），并与景区数字监管体系共同形成网络化的散客服务系统。为游客提供专业导游服务、纸质宣传介绍服务、电子资源导游介绍服务，强力推进智慧旅游，满足游客浏览、咨询、订购、投诉等多种需求。推进全区旅游系统的游览安全、医疗急救系统的建设，

强化重点旅游区域和景区的旅游安全预警系统、旅游快速救援队伍建设。加强游客动态监测、车船、管理人员的监管系统、景区视频监控系统、门禁系统、环境监管系统，用信息化的手段来提升旅游公共服务，提升游客体验感。

六、创新开发模式，加大宣传促销力度

建立和完善政府主导、区域联动、行业联合、企业联手的旅游宣传促销方式，针对目标客源地市场，采用各种手段，加大宣传促销力度，打造旅游形象，尤其是利用传播速度快、发布范围广的信息网络化进行宣传。征集旅游主题形象口号，将"中华禅宗之源"和"世界禅修之都"培育成国内外知名的文化旅游品牌，进行大手笔强势宣传，利用户外广告、电子屏幕、灯箱、背胶广告、报纸、网络、微信等平面、电子媒体，从市台向省台、央视，从本报向省报、全国性报纸、期刊，从黄梅本地向黄冈、省城乃至全国的户外、车站、码头等人员密集地，全方位、多角度立体宣传，为游客提供线下和线上旅游咨询服务。增强吸引力，提高黄梅禅文化旅游在国内外的知名度。

第十二章 结论与路径规划 ————————

第一节 研究结论

基于对湖北省中医药康养旅游的现状和问题分析，并以目前已有的 8 条精品旅游路线为典型案例进行深入研究，得出以下基本判断：

第一，在党和国家的支持以及产业融合的趋势下，湖北省中医药康养旅游产业是中医药在更宽广的领域发挥其独特优势与作用的重要舞台，是服务"健康中国"战略目标的重要途径，也是推动中医药文化传承与创新发展的新方向。

第二，湖北中医药康养旅游高质量发展的研究能进一步丰富湖北旅游的形式，弘扬、展示与传播湖北中医药养生文化，对提升湖北旅游的整体竞争力以及"惠湖北"的知名度意义重大。

第三，湖北省中医药康养旅游资源丰富，特色鲜明，发展中医药康养旅游潜力巨大。然而，湖北省中医药康养旅游的开发尚处于探索阶段，尤其是对中医药康养旅游路线的规划不足，中医药康养产业和旅游产业的高质量融合有待进一步加强。

第二节 湖北省中医药康养旅游高质量发展对策

一、坚持以宣传推广为抓手，向全社会中医药康养文化

以中药材标本馆、百草园等为依托，深入开展中医文化进校园活动，引导青少年从小树立传承和创新发展中医药事业的志向和理想，夯实中医药传承根基。制定中医药进农村、进社区措施，将中医药服务纳入健康扶贫家庭医生签约项目，不定期深入基层开展中医药科普知识讲座、发放中医药科普知识宣传册等惠民服务，让中医药适宜技术走进普通家庭，筑牢中医药发展的群众基础。积极开展中医药健康教育、健康促进等活动，大力推广具有中医药特色、适合群众生活习俗的养生保健方法，提高全民健康素质。同时，进一步加大民间中医药处方挖掘保护力度，加快重要食药同源产业发展，推动中医精髓的创新发展。

二、坚持以大健康产业为牵引，推进医康养融合发展

以"中草药＋健康旅游"为主线，依托湖北蕲春、武当山、恩施等中医药特色旅游资源，将"中医药＋康养旅游"作为全省旅游特色，通过药材栽植、景观打造、互动体验等方式，展示药用植物的功能价值与实际应用，让旅游者体验养生乐趣，重视药用植物在生活中的价值。以中药科普和养生业发展为主线，通过多种中药材栽培形式的展示和多种体验活动，以情景化、生活化的方式展示中药与生活的密切关系和"药食同源"的养生文化以及对健康与治病的独特功效，更好地引领康养产业发展，创建全国中医药健康旅游示范基地。鼓励中医医疗机构与医养机构签订医疗服务协议，建立"医院＋养老院""卫生室＋幸福院"的医养服务新模式，打造湖北的医养、旅居品牌。

发挥黄冈、十堰等市区位优势，积极疏解武汉健康养老功能，按照"医、护、养、学、研"一体化建设目标，建立一批医养结合机构，打造康养产业平台。支持康养企业建立康养产业园区，加快形成一批康养行业关键技术、标准、专利等知识产权。加快发展旅游休闲康养产业。支持康养产业创新示

范区建设成为中国生态宜养地和国际健康医疗旅游目的地,形成"医、药、养、健、游"五位一体健康养老产业格局,为康养产业发展提供示范和经验。

建设一批康养产业制造园区,组建省级康养产业园区创新发展联盟。打造具有较强区域影响力的休闲度假、健康养生、体育健身、健康旅游等特色健康服务园区。加快园区整合、产业配套和要素聚集,打造一批总产值过百亿、具有较强竞争力的康养产业园区。

三、整合康养旅游资源,做强湖北中医药康养特色品牌

围绕神农架、武当山、大别山等区域的森林养生品牌,咸宁、黄冈、孝感、十堰等区域的温泉养生品牌,襄阳、荆州、荆门等区域的休闲养生品牌,通过创建 5A 级风景区、国家级森林公园、地质公园、国家级森林康养基地、国家级特色小镇等途径,将休闲、娱乐、美食、养生、养老结合在一起,形成独一无二的湖北特色,做大做强湖北康养特色品牌在全国乃至全球的知名度。依托鄂西特色富硒资源,利用"世界硒都"品牌优势,吸引更多的市场要素聚集,引进更多的企业、资金和人才,发展壮大"富硒+大健康产业",着力建成名副其实"世界硒都"。

加快森林康养、温泉浴养、研修康养等健康旅游业态以及高端健康体检、医学美容、养生护理、医疗保健等健康旅游项目开发,推动医疗、健康、养老、养生与旅游深度融合。依托湖北省优质资源,规划建设一批避暑健康旅游目的地、休闲度假养生基地。加强优质森林等自然资源与中医药资源、现代医学的有机结合,大力开发景区登山览胜、林区观光、天然氧吧、中医药疗养康复等生态养生体验产品,以及避暑度假养生和生态夏令营项目。鼓励开发中医药健康旅游主题线路,打造具有中医药特色的健康旅游胜地。

将中医养生保健服务纳入区域服务发展总体规划。促进中医药与互联网、旅游、体育、餐饮、住宿等产业融合并协同发展,推进中医药体验式服务融入健康旅游、传统文化等主题项目建设。积极开发智能化服务产品,探索集成和提升中医药健康状态辨识评估及干预技术,为群众提供融中医健康监测、咨询评估、养生调理、跟踪管理和生活照护为一体的中医药健康服务。鼓励中医药医疗、科研、教育机构和企业开展亚健康与慢性病风险评估、临床干预技术与方法、康复护理等关键技术研发。积极推进中医医院及有条件的综

合医院、专科医院、妇幼保健机构治未病科室建设。实施基层中医药服务能力提升工程，加强基层医疗卫生服务机构中医综合服务区（国医堂）建设，为人民群众提供便捷、有效的中医药服务。支持社会力量举办中医医疗机构、中医药博物馆、中医经络按摩馆、太极运动馆、养生馆等，开展中医特色治疗、康复理疗、针灸推拿、情志养生等服务项目，实现集团化发展或连锁化经营。加快开发中医药保健品、功能食品、药酒、药妆等产品。促进中医药与健康养老、治未病、旅游文化等的融合发展，积极开展中医药特色医养结合试点工作。

四、提升管理水平，培养高素质专业人才

湖北省在中医药康养旅游开发方面，需要制定完善的管理制度和机制，针对性地对中医药康养旅游中食、住、行、游、购、娱等相关重要要素和旅行社等旅游企业进行规范化管理，建成一个良性发展的中医药康养旅游市场，形成浓郁的中医药康养旅游氛围。湖北中医药康养旅游开发起步晚于省内其他的一些旅游类别，是一种相对新兴的旅游形式，专业人才严重匮乏，这类行业人员不仅需要有扎实的旅游管理专业知识，还需要准确掌握中医药养生的有关知识。旅游和中医药是两个相对独立的领域，因而培育高综合素养、高业务能力、高职业敏感度的人才对实现湖北中医药康养旅游长久、有序、高质量发展具有重要意义。作为教育大省的湖北，省内的科研机构和高等学院众多，可以组织中医药常识与旅游专业知识的讲座、交流会和培训班来提升人才素质，通过线上和线下学术会议、合作项目等方式来加强各区间的积极交流。利用外引人才和外派学习的方式阶段性地培养一批中医药康养旅游专门人才，开阔视野，主动参与国内外的相关互动，诚邀省内外旅游界和中医药康养界的专家学者来湖北中医药康养旅游地参观考察，并提出宝贵意见，有计划地挑选人员去省外学习先进的旅游管理经验，全面提升湖北省中医药康养旅游的管理水平。对湖北本地中医药康养旅游的从业者，特别是一线的从业者，如导游、餐饮服务人员、导购人员等，要加强中医药康养专业知识培训力度，强化其中医药养生康养专业知识，提高业务水平和服务意识，使相关的从业人员都能成为中医药康养旅游的宣传大使和推广大使。

五、坚定不移地走可持续发展道路

近年来，湖北的部分中医药康养地得到了快速发展，但景区面临的竞争日益激烈，开发模式简单、经营规模小的景区面临的竞争压力更大，并且一些景区在旅游产品开发过程中没有从长远出发，缺乏对整个市场情况的准确了解，导致旅游产品及路线出现较为严重的雷同。湖北省应根据各个旅游景区的资源特色，大力进行中医药康养旅游资源的整合，实现旅游产品和线路多样化、差异化供给，满足游客现实的旅游诉求，实现湖北中医药康养旅游的可持续发展。

第一，对湖北历史文化、自然山水、人文风俗等资源开展普查，梳理出的旅游资源进行分类评估，锁定优势和潜力资源，以实现旅游线路的整合，进行组合营销。在进行线路整合时，增加其他的地文景观、水域资源、生物景观等丰富整个旅游线路的内容，同时景区合作互动，强化旅游资源的宣传和推广，进行统一品牌的运作和市场营销，逐步推进健康旅游营销的一体化，不断提高湖北中医药康养旅游的知名度，着力打造湖北中医药康养旅游品牌。

第二，加强景区间的合作，建立政府主导，景区、企业联合开发的体系。对湖北区域内旅游资源的开发进行统筹安排，加强和完善景区间的旅游信息互联互通，以避免资源的浪费和资源的重复开发，如景区间可以通过领导互访、建立联席会、组织研讨会等形式积极地开展参观学习和经验的交流。各个城市、乡镇、景区需要在合作中来实现旅游产品的错位发展，防止产品雷同造成资源的浪费，产品趋同造成景区没有特色。

第三节　湖北省中医药康养旅游高质量发展路径

2018 年 5 月，湖北省中医药康养游暨李时珍蕲艾文化游活动在"中国艾都"黄冈市蕲春县启动，当时省旅游委发布了 8 条养生旅游线路，致力于从医药到食补再到山水养生，让旅行者在旅途中获得更好的体验。湖北省的中医药康养旅游资源虽然非常丰富，有着广阔的发展空间，但目前的开发尚不完善。笔者根据湖北中医药康养旅游资源分布，结合旅游发展规律，创新开发了 10 条康养旅游路线，以供旅游管理部门、旅游研究者、旅游从业者和游客参考。

一、英山

英山为"中国药材之乡"，全县中药材种植面积 160 平方千米，是湖北省重点药材产区、全国重要的中药材商品基地，茯苓、桔梗、石斛、苍术、天麻等主要品种享誉国内外，年生产药材 6 万吨，药材产业产值 20 亿元，带动 5 万多人就业，利税过亿元。为发展壮大英山县中医药产业，实现现代中医药、绿色健康食（饮）品、健康养生旅游、医疗卫生与养老、运动康养"五位一体"融合发展，建设康养英山，英山县于 2018 年出台了《推进中医药产业发展建设康养英山的实施意见》，其中发展思路紧扣大健康主题，以中医药产业发展为重点，以品牌建设为突破口，围绕现代中医药、绿色健康食（饮）品、健康养生旅游、医疗卫生与养老、运动康养"五位一体"重点产业，突出"康养英山"核心，把中医药产业建设成为富民强县的特色产业、支柱产业、新动能产业。

以中医中药养生为灵魂，依托英山原生态环境以及人文底蕴，围绕"五大核心景区"（吴家山、桃花冲、四季花海、天马寨、楚江南）、"两大景观带"（西河十八湾、东河百里秀）开发健康养生旅游项目；主打中医中药文化品牌，致力建设健康主题文化小镇，推进建设英山大别山养生小镇和一批康养基地。着力抓好药膳养生开发，融入中医药健康养生元素，支持县中医院及社会资本在旅游景点建立中医药健康养生馆，为中老年人、妇女儿童等提供推拿按摩、针灸、艾灸、拔罐、药浴、温泉疗养、药膳食疗等服务，推广英山本土的中医药品、养生保健品和中药食品，提高"康养英山·药材之乡"的影响力。

路线设计：四季花海景区—丝茅岭村楚江南—天马寨景区—大别山南武当旅游区—桃花冲风景区。

（1）英山四季花海·中华情园景区位于英山县城南 2 公里处，距离武汉 130 千米，距京九铁路浠水站 70 千米，由湖北四季花海旅游开发有限公司按照 4A 级旅游景区标准，总投资 16.6 亿元开发建设。项目总面积 4.13 平方千米，其中山林 2.73 平方千米，水面 0.87 平方千米，坡地 0.53 平方千米，覆盖 6 个自然村。景区以花海情园为主题，以四季赏花和花海温泉为特色，以田园景观与生态风景林为基底，以旅游观光为基础，以康养旅居度假体验为核心，兼顾生态与文旅产业发展，打造花卉观光区、温泉养生区、体验游乐区、旅游接待服务区和康养旅居度假功能区。景区自 2017 年 4 月开园以来已累计接待游客超过一百万人次，成为"月月有花开、季季景不同、天天都精彩"的特色鲜明的赏花休闲度假旅游景区。

（2）楚江南项目位于湖北省黄冈市英山县杨柳湾镇丝茅岭村，距英山县城 12 千米，总体规划 4 平方千米，以温泉休闲度假为核心，主要承担温泉产业功能、文化创意产业功能、居住和消费性服务业功能、旅游服务功能。项目总体以温泉酒店为依托，打造该地区文化、娱乐、休闲中心区。建设颐养乐活，耕读传家的华中温泉度假区。

（3）天马寨景区位于大别山腹地毕昇故里英山县雷家店镇境内。占地面积 25 平方千米，最高海拔 1 288 米。距大武汉 150 千米，距京九铁路浠水站 70 千米，交通便利。天马寨景区是花的世界和鸟的天堂。有独树一帜的五彩杜鹃花带、亚洲最大的原始野樱花群落、十万余亩油桐花基地、千年古树群落、百年民居群落，国家一级珍稀动物寿带鸟在此栖息。最具特色的景点有丹青瀑、五行锦鲤池、篓子石、独秀峰、花媒岭、挹秀台、浣花溪、仙女溪、连心树、卧龙瀑、五彩玫瑰园等 100 多处。最具激情的游乐设施有长 800 米的高山花海滑道、面积 300 平方米的集 4D、七彩感应为一体的 360° 无障碍全视角高空玻璃观景平台。景区春赏五彩杜鹃、夏享森林康养、秋游古道兵寨、冬遇冰雪奇缘，集宜居、养生、休闲于一身，是四季皆宜的旅游景区。

（4）南武当山位于大别山南麓，湖北省英山县境内，为江淮分水岭、南北分界线。2002 年，武当内家祖庭掌门人游玄德秉承三丰祖师"五百年后必开南脉"的遗训，来到英山县的吴家山开创南武当山道教圣地。南武当的崛起是历史的回归和时代发展的必然，填补了道教在鄂东宗教旅游中的空白。作为中国著名道教文化圣地、武当南宗发源地、中国未来的武当武术基地、中国最大的避暑养生旅游中心，南山武当整合了英山经典景区的山水人文资源，上有大别山主峰，中有南武当武圣宫，下有华中第一谷和大别山天池，为大别山地区的文化、经济和旅游业的发展注入了活力。

（5）桃花冲森林公园是大别山著名的旅游避暑胜地。地处英山县东北角，东连桂枝山自然生态村，南邻红花水库和占河水库，西望吴家山森林公园，北接安徽鹞落坪自然保护区，距武汉、合肥210千米，距黄石、鄂州150千米。境内盛产100多种名贵药材，素有大别山"第一药材宝库"之称。有黑龙潭、毛坪河、瓦泄排、象鼻挽水、妙莲峰等20多个景点。桃花冲森林公园不仅是人们休闲度假、旅游观光的胜地，是革命传统教育、科普教育、素质教育的大课堂，还是不可多得的绿色会议中心和疗养胜地。

二、麻城

麻城地处大别山腹地，自然条件比较优越，中药资源丰富，种类较多，曾是湖北省中药材重要产区之一。《湖北中药资源名录》记载，第三次全国中药资源普查结果中麻城中药品种为151科600余种。第四次全国中药资源普查试点工作已查明麻城具有植物药类资源195科763属1 447种，动物药类资源59科64种，矿物药类及其他中药等8种，新增品种900余种，较第三次全国中药资源普查结果增加约1.5倍，大幅度丰富了麻城中药资源品种数量。2019年，麻城市召开了卫生健康暨中医药振兴发展大会，会议对麻城市卫生健康事业和中医药传承创新发展工作提出要求。一是要提高政治站位，坚定建设"健康麻城"的信心决心，坚持把人民健康摆在优先发展位置。二是要明确目标任务，把握建设"健康麻城"的重点工作，坚持防治结合，发挥资源优势，抓好中医药品牌打造等工作。三是要坚持党的领导，凝聚建设"健康麻城"的强大合力，加大对中医药的财政投入。

路线设计：木子店镇"森林康养产学研科创基地"—龟峰山景区—茯苓窝康养农场—堰头垸村福白菊种植基地—杏花村。

（1）2020年3月26日，森林康养国家创新联盟同意湖北省麻城市"磁谷"森林康养基地《林下中药材种植与森林康养产品研发》立项报告，同意在麻城市木子店镇成立全国首届"森林康养产学研科创基地"。近年来，木子店镇抢抓发展机遇，以牌楼村为试点，加大人居环境整治，突出传统古村落保护，探索"党委联片、干部联村、党员联户"的基层治理新模式，打造美好环境与幸福生活共同缔造综合示范点，大批游客慕名而来。木子店镇牌楼村、洗马河村、李峰山村等正在推广道地药材种植，初步试点种植近0.67平方千米，流转土地种植23.33平方千米。木子店镇把目光瞄向了天麻、黄精、苍术、丹参等有种植基础、收益高、回报快的中药材，同时尝试利用区域内的优势资源发展生态体验游。如今的乡村环境美、乡风好、产业兴，宜居，宜游，更宜业，成为该镇实施乡村振兴战略上的一张新名片。

（2）麻城市龟峰山风景区（国家 4A 级风景区）位于麻东的龟山镇境内，距市区 25 千米，由神奇的龟头、雄伟的龟背和形象逼真的龟尾等 9 座山峰组成，景区规划总面积 73.6 平方千米，最高海拔 1 320 米，以奇、险、峻、秀等特点和四季分明的自然景观吸引八方游客。2019 年，龟峰山风景区在林峰村开展特色中草药现场种植培训，特邀罗田县中药材种植高级技师王艳加就林峰村天麻、茯苓等特色中药材种植进行现场授课指导，全村共有 30 余人参加了此次培训。近年来，龟峰山风景区党委加大了茶叶、中药材等特色农产品的宣传力度和种植面积，并多渠道联系农业种养殖技术人员深入农村开展实地培训和操作，提升了茶叶、中药材等特色农产品的栽培管理技术水平，为龟峰山风景区特色产业发展和脱贫攻坚夯实了基础。

（3）茯苓窝康养农场位于黄土岗镇桐枧冲村，已流转耕地超 0.23 平方千米，流转山林超 2.67 平方千米。农场开发主要有小香薯、红皮花生、茶叶、金丝皇菊、大别山土鸡及中草药天麻、茯苓等生态型、产业化的产品系列，致力于发掘大别山传统民俗文化，打造古朴自然的森林康养、共享民居，形成融森林康养、采摘体验、拓展游乐、传统文化为一体的综合型森林系生态康养农场。

（4）2021 年，堰头垸全村种植福白菊 0.77 平方千米，创建 0.34 平方千米福白菊标准化种植示范基地。"麻城福白菊"具有"朵大肥厚、花瓣玉白、花蕊深黄，汤液清澈、金黄带绿，气清香，味甘醇美"等品质特征，为药、食（饮）兼用型中药材。具有散风清热、明目解毒之功效。经湖北省食品药品监督检验研究院等科研机构检测，绿原酸和总黄酮的含量均高于药典标准，远高于其他品种的菊花。

（5）麻城杏花村正是晚唐诗人杜牧《清明》诗中所写的杏花村，也是一座历史文化名村。这里中医药文化深厚，至今民间有很多中医药验方、秘方流传。先后荣获黄冈市首届"十大秀美乡村"、湖北省社会主义新农村建设示范村、全国妇联基层组织建设示范村、湖北省旅游名村、湖北省生态新村、中国历史文化名村等荣誉称号。2014 年底，总投资 18 亿元的杏花村国际健康养生休闲生态园项目正式签约落户麻城杏花村，主要建设杏花村温泉养生大酒店、中医国医养生馆、碑林文化广场、杏林苑、桃花源、水上乐园、生态观光农业园、养老基地和青年拓展基地，据悉建成后将成为华中地区首屈一指的健康养生基地。

三、咸宁

　　咸宁地处湘鄂赣三省交界处，有湖北省的"南大门"之称，承上启下，地理位置优越，发展潜力大，属于武汉"1+8城市圈"中的一个重要组成城市，是城市圈南部区域中心城市。咸宁属于亚热带大陆性季风气候，年降水量充沛，日照时间长，全年有240天没有霜冻，这里中药材资源种类多、分布广、品质好、产量大，是全省中药材重点产区之一，也是全国道地药材品种最多产地之一。境内的药姑山更是被誉为"天然药库""佛道圣地""红色之乡""人间仙景"。市域范围内共有174科919种植物药，51科72种动物药，矿物及其他类有16种，共计1 007种。人工种植的药材超过36个品种，规模化种植成效明显。2022年1月5日，咸宁市六届人大会议提出，要走好咸宁特色乡村振兴路，重点打造茶叶、蔬菜（莲）、生猪（鸡禽及蛋制品）、中药材、特色淡水产品、油茶、竹、桂花8个农业主导产业链。提出围绕中药材，做大康养产业。坚持"医、药、养、健、游、护"一体谋划实施，培育千亿产值大健康产业集群。发展黄精、白芨、金刚藤等道地中药材，新建13.33平方千米以上中药材基地。支持厚福医疗、福人金身等生物医药、中药制剂、化学制药、医疗器械领域重点企业做大做强。

　　路线设计：药姑山生态度假村—清水村七彩药王谷—桂花源风景区—万豪温泉谷。

　　（1）药姑山是全国仅有的两座以"药"字冠名的山川之一，仅李时珍撰写《本草纲目》就采集标本377种，被誉为"江南天然药库"。药姑山产业园区（特色小镇）按照一园两区的思路，分为药姑山旅游观光园和健康产业园。以旅游公路为纽带串联成整体。药姑山旅游观光区是以"医药文化""民俗文化""宗教文化""红色文化"为特色的生态游览风景区。以游客集散中心、横岭水库、花果园水库、白云寺、三仙坛、大风塝、内瑶村、桂竹源等为主要景点，集休闲、康养、观光于一身。观光区以中医药产业＋旅游产业双支撑，打造"1+4+5+N"旅游项目体系，即以医药健康产业引领，入口服务区、瑶族体验区、中药康养区、宗教观光区4个主题片区和宗教养生、瑶族养生、生态康体、运动健体、红色文化5个重点项目和多个支撑项目组

157

成的旅游项目体系。

（2）咸宁市崇阳县铜钟乡清水村聚草康"七彩药王谷"基地项目规划建设面积 4 平方千米，采取"市场主体＋集体经济"的合作经营模式，种植中药材芍药、牡丹、玫瑰、金银花、百合、黄精、菊花，建设中药文化博物馆、中医研究院、康养医院等。通过规划和打造，力争建成融旅游观光、研学实践、成品产销、生态养生为一体的农旅综合开发项目。2022 年一期项目主要，包括中药材旅游观光、中药文化博物馆、产品交易中心、广场、音乐喷泉、水幕电影等。

（3）咸安桂花已有两千多年的栽培历史，桂花文化源远流长。这里有中秋祭月拜嫦娥的文化传统，被中国民协授予"中国嫦娥文化之乡"、中秋节民俗文化传承地的文化名片；有屈原贬谪江南途经桂花源写《九歌》的历史考证；有吴刚砍桂，桂枝落咸安的桂花传说。位于咸安区境内桂花镇的桂花源风景区紧邻金桂湖低碳示范区、鸣水泉景区、鄂南大竹海景区、刘家桥古民居等景区（点），规划面积 2.7 平方千米，核心区约 0.53 平方千米。核心古桂园、观桂园有百年以上桂花古树两百多株，最大树龄达四百多年。

（4）咸宁万豪温泉谷度假区位于潜山森林公园正门，美丽的温泉区月亮湾路段，淦河缓缓从旁流过，自然环境优越。温泉谷拥有室内温泉、露天温泉、汤屋、水上乐园等多种项目，能够带给人非同凡响的感受。咸宁温泉谷，泉水富含硫酸盐、碳酸盐、氡、钙、镁、钾、钠等数十种有益矿物质，保健功效显著，另外，在泉水中融合了人参、当归等名贵中药材，及茉莉花、玫瑰、百合等各具特色的矿石浴、特色加料浴非常适合各类人群养生、美容、健体。

四、孝感

近年来，孝感市政府在科学规划、交通体系和营销传播上取得明显进展，一系列举措使旅游投资商接踵而至，旅游产品供应日益丰富，旅游人次和旅游收入增长明显。《孝感市文化旅游产业发展总体规划（2013—2030 年）》明确孝感旅游的发展定位如下：①总体定位是立足大区位优势，以孝文化为核心线索，充分发挥孝感生态优势，大力发展生态观光、休闲度假、养生养老旅游产业，把孝感建设成为"国内知名的文化生态康养型旅游目的地"。②立足城市层面的定位是中华孝爱文化标志城。③立足旅游层面的定位是华中养生养老度假地。④立足文化层面的定位是中华美德传承创新区。可见，中医药康养旅游是孝感旅游发展重要方向。

路线设计：汤池温泉—钱冲古银杏国家森林公园—双峰山旅游度假区—观音湖风景区—三里黄龙寺茶叶生态旅游公园。

（1）孝感汤池温泉旅游景区位于应城市22千米的汤池镇，整体占地3.33平方千米，按国家4A景区标准建造，是融温泉沐浴、休闲保健、生态、红色旅游以及完善的住、餐、娱、购配套为一体的旅游度假休闲景区。汤池温泉储量丰富，日产量10 400吨，其水中含有益人体的矿物质48种，平均每吨水矿物质含量35千克之多，尤以对人体最有益的氡和氢含量之多而备受青睐。

（2）钱冲古银杏国家森林公园，位于湖北省孝感市安陆市王义贞镇，地处大洪山随州边缘地带，是中国两大自然状态古银杏群落之一，也是中国设立的"大洪山银杏资源自然保护区"的重点地域之一。2022年2月，钱冲古银杏国家森林公园被孝感市文化和旅游局组织确定为国家3A级旅游景区。钱冲古银杏国家森林公园占地60平方千米，有千年以上古银杏48株，500年以上1 486株，100年以上4 368株，同时拥有天女金桂、状元古柏、桂竹园、兰草路、桃花溪等天然园林群5处，拥有梅花洞、哪吒洞两处天然溶洞。林中树形各异，有夫妻树、情侣树、子孙树、母子树。1939年至1941年，李先念曾率部在此战斗，"新四军五师"旧址、"五师司令部"旧址、"五师政治部"旧址、"五师医院"旧址、"七七报社"等革命旧址中革命文物保存完整。

（3）双峰山风景区海拔888米，是孝感第一峰，也是武汉周边第一高峰。双峰山森林覆盖率达90%，是"中华孝爱第一山""国家森林公园""国家4A级旅游景区""省级旅游度假区"。山中的负氧离子每立方达10万个，被游客誉为"山水画廊、度假天堂"。2021年4月26日，双峰山首届森林康养文化旅游节精彩开幕，以"康养森呼吸，醉美双峰山"为主题，其目的是借助双峰山丰富的生态资源开展旅游养生体验活动，让游客感受后疫情时代的健康生活，愉悦身心，提升生活质量。整个活动历时两个月，主要开展森林瑜伽、丛林穿越、洗肺行动、茶农生活等活动。

（4）观音湖位于湖北东北部孝感市孝昌县小悟乡境内，京珠高速（京港澳高速）、省道S243（安大公路）擦湖而过，交通便利。旅游区内群山连绵、溪水环绕、钟灵毓秀、气候宜人，是一片"玉茏青纱人未识"的风水宝地。有山水一色，碧波千顷，风光旖旎的观音湖；有巍峨挺拔、奇峰峭壁、怪石嶙峋的大悟山；有颇具影响的佛教圣地九龙寺、观山禅寺；有革命先辈李先念、陈少敏等创建的大、小悟山抗日指挥中心和刘震将军故居等红色旅游资源；有极具农家特色和风味的"农家乐"旅游休闲场所，真可谓是"游山游水游古迹，赏花赏果赏农庄"。

（5）三里黄龙寺茶叶生态旅游公园位于大悟县三里城西北部，全镇茶园面积 23.33 平方千米，大小茶叶企业四十多家，种茶农户一千多户。景区交通便捷，距京珠高速 15 千米，大悟县城 30 千米，景区内已建成环形水泥观光车道 15 千米，步游道 5 千米。经近几年的建设，已逐步形成了融采茶、制茶、品茶、休闲观光为一体的生态茶叶公园。主要景点有黄龙寺、响水潭、白马潭、擂鼓台、路冲湖、鳄鱼岛、紧城寨、七里坡等。现引进河南绿色天然公司投资 2 000 万元综合开发茶叶公园项目，修建旅游观光配套设施。

五、黄石

黄石中医药发展历史悠久，近些年来依托劲牌生态产业园、富驰化工医药工业园、西塞山化工医药园、黄金山生物医药产业园，重点发展化学原料药、仿制药、医药中间体、芳香性中药、中成药、健康食品、医疗器械等领域，同时积极发展独具特色的康养旅游，将中医药健康理念融入旅游开发，积极提升旅游供给能力。

路线设计：仙岛湖生态旅游风景区—三溪口乡村园博园—雷山温泉度假村—楚天香谷芳香文化博览园。

（1）仙岛湖生态旅游风景区位于阳新县王英镇，景区旅游面积 45.6 平方千米，1 002 个岛屿嵌在 30.67 平方千米湖面上，恰似银河星座，不是仙境胜似仙境，享有"荆楚旅游明珠，华中第一奇湖"之美誉。仙岛湖植被优良，物种群集，空气负离子浓度 1 010 个每立方厘米，湖水能见度达 5 米，盛夏日均气温 25 度左右，冬日 8 度左右，且湖岸岩洞成群，洞内成溪。

（2）三溪口乡村园博园位于仙岛湖大坝以下，夹丫吉山、石牛山之间，沿蜿蜒的王英河顺流而下，两岸现有的林、田、村、河形成独特的十里河田自然景观，朴实、自然、清新，一幅幅田园风光画尽情展现。乡村园博园以"十里河田，魅力乡村"为主题，按照绿色、开放、共享发展理念，紧扣绿色发展、精准扶贫主题，突出生态、科技、民生和地域特色，致力打造生态美、环境美、生活美的新型农村发展环境。该园占地超 1.33 平方千米，有阡陌田园、花海和韵、仙溪情缘、竹报岁寒和金沙临桂等节点景观，13 千米自行车绿道贯穿其中，亲水平台、游船码头、廊架、小品点缀其间，花草树木浓墨重彩，集四时季象之多变。景区还开发有婚庆摄影、儿童乐园、水上漂流、单车游行、电车观光、农家菜馆等经营项目。

（3）大冶雷山温泉度假村地处以石景和竹林闻名的雷山风景名胜区内，是一个以矿冶文化为主题，融温泉、餐饮、客房、娱乐为一体的 5A 级绿色温泉度假村。营业面积达 12 万平方米，最高日接待量 5 000 人。雷山温泉水温高达 56 摄氏度以上，是极为罕见的 100% 的天然氡矿温泉，这种温泉国内稀有、世界罕见、晶莹剔透、无色无味、成分珍贵、疗效显著，富含钙、锌、硒、钠、镁、碘、氡等 50 多种对人体健康有益的微量元素，对调节心血管，治疗关节炎、胃病，改善睡眠等有特别的疗效。

（4）楚天香谷芳香文化博览园是湖北瑞晟生物有限公司芳香产业农业种植、工业生产、旅游服务"三产融合"的重要板块，将芳香产业中的生态景观、教育科普、康养休闲、健康产品、创意文化等进行产业性复合，秉承"美丽中国、健康中国"的国家战略，专注大健康产业发展，致力打造中国芳香产业旅游目的地和芳香康复与养生度假地。

六、宜昌

路线设计：柴埠溪大峡谷景区—茶马古道—五峰长乐坪天问书院—"别家大山——云水禅心"森林康养基地。

（1）柴埠溪大峡谷自然风景区位于五峰土家族自治县境东部，南连"武陵源"，北接"清江水"，同张家界共属武陵山脉，人称"华中一绝"它分为五大景区：内口生态保护区、大湾口景区、蛟口景区、断山口景区及坛子口景区。柴埠溪大峡谷风景区有很多的土家山民开放了他们的家为前来游玩和旅行的客人提供休息和食宿。走进农家，好客的土家大嫂，或端上一桌当家土菜"十碗八扣"，或抬上一个超大的蒸笼——土家人的盛宴"抬格子"，热情的土家姑娘也会为您敬上一杯用纯苞谷酿造的"遍山大曲"。

（2）茶马古道，位于五峰境内，是明清时期进行茶马贸易所形成的古代交通路线。2009 年 4 月，第三次全国文物普查发现，其沿线有古石桥、骡马店、碑刻、摩崖石刻、古道岩板路若干处。起点经由采花乡采花台、莫家溪，呈东西南北走向，西向为水瓢子、后槽子马店、采花台骡马店、树屏营、刀枪河、岩板河、百顺河、鹤峰、恩施；南线由将军垭、湾潭龙桥、九门、桑植、长沙，北线经长茂司、星岩坪、鸭儿坪、渔峡口、资丘、长阳往北；东线经楠木桥、西潭、红渔坪、栗子坪、九孔、高古城、石良司、古长乐县城、白鹿庄、长乐坪、渔洋关、湾潭、聂家河、宜都至汉口。东西向两百多千米，南北距一百多千米。骡马古道的形成早于英商在采花长茂司设"宝顺和茶庄"之前，至今已四百余年历史，是五峰容美土司时期经济贸易、交通运输、对外交流和文化融合的一条重要纽带，具有很高的文化价值。

（3）五峰长乐坪天问书院项目总投资 5.5 亿元，占地总面积 0.21 平方千米，分为 K9 教育（幼儿园至 9 年级）项目、高端培训及研学旅行项目、民宿康养项目三大主题。该项目选址于五峰长乐坪镇，距新县城不足 30 千米，平均海拔 1 100 米。该镇全境皆为山区，集镇为崩尖子省级自然保护区、壶瓶山国家级自然保护区、后河国家级自然保护区、柴埠溪国家森林公园所环抱，拥有南曲、打溜子等国家级非物质文化遗产，境内生态优越、气候凉爽、民族文化底蕴深厚，备受武汉等地避暑康养游客的青睐，现已形成以腰牌村为核心的规模化乡村民宿区，目前正全力打造湖北省旅游名镇，是发展康养旅游项目和研学旅行基地的首选之地。

（4）湖北沛林生态林业有限公司旗下"别家大山——云水禅心"项目以得天独厚的自然条件及优质的森林环境入选第四批森林康养基地试点单位。森林康养产业包括森林康养环境培育、森林养生、康复、健身、休闲和森林旅游、森林康养产品的研发和生产等大健康产业新业态，是以林业为主体的新型朝阳产业。森林康养基地是指森林覆盖率较高、森林健康、生态环境优良，具有维持自身生态平衡，配备相应设施设备和专业服务人员，探索和提供森林康养产品与服务，经林业行政主管部门评定的森林康养综合服务经营主体。

七、襄阳

路线设计：荆山玉文旅康养综合体—古隆中—南漳春秋寨景区—保康县。

（1）湖北襄阳荆山玉文旅康养综合项目总投资 108 亿元，该项目位于城关镇，建设内容为荆山玉的开采及加工，同时建有温泉康养小镇及别墅区。

（2）隆中风景名胜区位于中国历史文化名城湖北省襄阳市，距襄阳城约 13 千米，总面积 209 平方千米。晋永兴年间至今，已有一千多年历史。包括古隆中、水镜庄、承恩寺、七里山、鹤子川五大景区。因诸葛亮"躬耕陇亩"和刘备"三顾茅庐"引发《隆中对策》而被世人称为智者摇篮、三分天下的策源地。

（3）春秋寨景区位于湖北省襄阳市南漳县东巩镇陆坪村境内，坐落在鲤鱼山山脊之上，依山势迂回而建，自南向北呈条形布局，南北长 490 米，东西宽 30～50 米，石砌房屋一百六十余间，为中国"百大新发现"之一。景区森林覆盖率高达 95%，是天然的大氧吧、空调房。寨子里的"田野牧歌"古寨客栈建在半山之上，藏于竹林之间，在此可日赏远山如黛，夜观星海苍茫。峡谷深处还有一个冷泉浴场，周围树木参天，水中富含各种对人体有益的微量元素。

（4）保康县把打造全域旅游示范区和森林康养基地作为践行"绿水青山就是金山银山"的重要抓手。注重打造自身特色，结合高海拔森林、候鸟迁徙通道、温泉等优势，培育休闲旅居、生态观光、山地运动、自然观鸟、培训研学等康养业态，形成"康养＋医疗""康养＋运动""康养＋教育""康养＋培训""康养＋农业"等融合产业，康养产业的聚焦效应初具雏形。除了五道峡国家森林康养基地之外，2020 年中国林业产业联合会公布了第六批全国森林康养基地试点建设单位，位于保康县歇马镇白竹村九路寨森林康养基地和保康县马桥镇的尧治河森林康养基地入选 2020 年全国森林康养基地建设试点。

八、荆州

路线设计：松滋卸甲坪乡曲尺河村—监利润景园林国家森林康养基地—洪湖湿地生态旅游区—洪湖悦兮半岛国际温泉度假村。

（1）曲尺河温泉度假村位于荆州市松滋市卸甲坪土家族乡，交通位置优越，S322 与 S225 两条省道在附近交会，距离松滋市仅 52 千米，距离荆州市区 110 千米，距离宜昌市 105 千米，距离常德市 164 千米，距张家界市 210 千米。温泉区设置室内和室外区，有温泉中心、室内泡池、室外泡池等，多种类型的养生体验温泉池可满足个性化的休闲、养生需求。拥有各类大大小小温泉泡池 80 多个，成人池、情侣池、儿童池、大众娱乐池等一应俱全。

（2）监利润景园林国家森林康养基地位于湖北省监利县上车湾镇分洪

村的润景生态园。该生态园初建于 2012 年，占地 2.03 平方千米，为监利县规模最大、标准化程序最高的现代化苗圃，也是该县第一家规模化生态园。

（3）洪湖湿地生态旅游区位于洪湖市滨湖办事处金湾村，东至洪湖环湖绿道，西临洪湖大湖，北至金湾渔场，南至原八卦洲旅游码头，总面积约 1.73 平方千米，是一个以"生态观光、商务度假、休闲度假、水乡文化体验、旅游集散"为核心内容，融环湖绿道、水乡风情、湿地观光、运动健身、红色体验为一体的旅游景区。这里的旅游产品组合极具特色，充分融入了花海观赏、酒店住宿及大湖游船等高端度假体验产品，能让游客在景区内享受到极致的度假体验。

（4）洪湖悦兮半岛国际温泉度假村，景区内林木参天，百花盛开，水鸟嬉戏，犹如天然氧吧。一期建筑面积 5.5 万平方米，由湖北半岛温泉旅游开发公司投资 10 亿元倾力打造。它拥有的氡温泉和冷泉双泉，四季百花盛开、流芳异彩的主题园林，中国第一家温泉类白金五星级酒店，以及集游乐、观赏、休闲、SPA 于一身的室内温泉馆——温泉"水立方"。

九、仙桃

路线设计：沔阳小镇—梦里水乡文化旅游区—东沼红莲池。

（1）沔阳小镇以沔阳地域文化为精髓，以楚风楚韵古建筑为特色，以排湖一泓清水为依托，定位为具有江汉水乡风情和沔阳文化特色的文化生活类小镇，致力打造环武汉都市圈大型休闲度假目的地。依托百里排湖浓郁的水乡特色，计划总投资 100 亿元，按照"一轴六区，一体两翼"的总体布局，以天鹅湖为中心，分期建设沔阳文化体验区、运动休闲区、亲子游乐区、科普研学区、民宿度假区及田园康养区六大片区。

（2）梦里水乡文化旅游区位于仙桃市赵西垸林场，整个旅游区以"文"为魂，以"林"为魄，以"农"为骨，以"水"为脉，突出以"乡愁"为主题的江汉民俗文化，涵盖 12 个特色功能板块，包括荷塘村、乡野湿地、琴舟花畔旅游区、亲子游乐园、乡趣游乐园、亲子耕读园、农业迪士尼、森林养生温泉、梦里水乡野奢度假营地、颐养度假酒店、梦里水乡会议中心、湖花岛等。旅游区融入江汉平原的自然生态、传统民俗和人文情怀，或漫步荷塘村，在超然诗境中品享八方美食，或泛舟花海，在音乐声中沉浸于花蝶共舞的童话世界。2019 年 12 月，其经湖北省文化和旅游厅审定列为国家 4A

级旅游景区。

（3）东沼红莲池又叫莲花池，位于古城东门，原先这里是一片沼泽地，长满了莲藕，明初建城墙取土烧砖，沼泽地变成了深池。而池又正好在城的东面，故名东沼红莲。它是两城八景中迄今仅存的一景，由大、小莲池组成，主要景点在小莲花池。小莲花池的北角是风景迷人的莲花岛，并以九曲桥连接至岸。小莲花池的西面是 300 米长的绿色文化长廊。莲花池盛产"玉藕"远近闻名，随着沔城饮食文化的发展，沔城藕逐步形成一种独特的"藕"文化，有蒸藕、炒藕、凉拌藕、藕天、藕丸子、藕粉、拉丝糖藕等。

十、随州

路线设计：随县抱朴谷康养旅游区—吉祥寺村—云峰山万亩茶园景区—中国千年银杏谷。

（1）随县抱朴谷康养旅游区传承随州打造谒祖圣地主旨精神，深挖神农尝百草中医药文化，依托"中药材宝库"桐柏山，开发了抱朴谷野生中草药系列产品，自创了独特的中医药康养技法，打造出独具特色的中医药康养主题景区。

（2）吉祥寺村是湖北省随州市曾都区新农村建设示范村，保持了完好的原始生态和自然环境，植物种类有 1 500 种以上，千年古银杏三十多棵。大山深处延续了数千年来农耕时代的生活方式，形成了独特的民俗风情。这里家家户户种香菇，已形成以种植香菇为主，集生产、加工、观光、旅游、商贸于一身的产业链。村里建有全国最大的出口香菇标准化栽培示范基地，以及中南地区最大的香菇交易市场。充满浓郁乡村情调的吉祥山庄具备会议、餐饮、休闲娱乐、住宿等多种功能，每年接待观光旅游、商贸客人 4 万多人次。

（3）随州市云峰山茶场位于炎帝故里随州市境内，大洪山脉北麓，大洪山国家级风景旅游区内，海拔 1 055 米，属于北亚热带季风气候。这里气候温和、雨量充沛、林木茂密、绿草成茵、果根丰富、动物繁多，不仅造就了优越的生态环境，更是茶叶种植加工的理想基地。

（4）中国千年银杏谷位于湖北省随州市洛阳镇永兴村，是国家 4A 级旅游景区，也是世界四大密集成片的古银杏群落之一。占地面积 17.14 平方千米，包含一母九子、胡氏祠、大夏皇帝明玉珍故里等景点。资源特色归纳如下：千年古树，银杏王国；湖光山色，世外桃源；诗画人家，田园梦幻。现有银杏树 520 万株，其中树龄百年以上的 6 万余株，千年以上 308 株，更拥有全国乃至全世界分布最密集、规模最大、保留最完好的一处古银杏群落，被誉为"全国银杏第一镇"和"中国银杏之乡"。

参考文献 ————————————————————————————

[1] 刘建国, 张永敬. 医疗旅游: 国内外文献的回顾与研究展望 [J]. 旅游学刊,
     2016, 31（6）: 113-126.

[2] GOODRICH J N. Health tourism: a new positioning strategy for tourist destinations[J].
     Journal of international consumer marketing, 1993, 6（3-4）: 227-238.

[3] HAN H, HYUN S S. Customer retention in themedical tourism industry: impact of
     quality, satisfaction, trust, and price reasonableness[J].Tourism management,
     2015（46）: 20-29.

[4] JADHAV S, YERADEKAR R, Kulkarni M. Cross-border Healthcare Access in South
     Asian Countries: Learnings for Sustainable Healthcare Tourism in India[J].Procedia-
     Social and Behavioral Sciences, 2014（157）: 109-117.

[5] ANNETTE B, ARELLANO R D.Patients without borders: The emergence of medical
     tourism[J].International journal of health servicces, 2007, 37（1）: 193-198.

[6] KECKLEY P, UNDERWOOD H.Medical tourism: consumers in search of value[D].
     Washington D C: Deloitte center for health solutions, 2007: 10-15.

[7] GOODRICH J N, GOODRICH G E.Health-care tourism: an ex-ploratory study[J].
     Tourism Management, 1987, 8（3）: 217-222.

[8] ANNA G A.The Development of Health Tourism Service[J].Annals of tourism
     research, 2005, 32（1）: 262-266.

[9] KONU H. Developing a forest-based wellbeing tourism product together with

customers–An ethnographic approach[J].Tourism management, 2015：49.

[10] KOMPPULA R, KONU H.Designing forest–based wellbeing tourism service for Japanese customers: a case study from Finland[M]. London: Routledge, 2017: 50–63.

[11] SAMSUDIN A R, HAMZAH U, RAHMAN R A, et al.Thermal springs of Malaysia and their potential development[J].Journal of asian earth sciences, 1997, 15（2）: 275–284.

[12] SELMAN C, GRUNE T, STOLZING A, et al. The consequences of acute cold exposure on protein oxidation and proteasome activity in short–tailed field voles. Microtusagrestis. [J].Free radical biology and medicine, 2002, 33（2）: 259–265.

[13] 要焕年, 曹月梅. 建议创办旅游保健中心 [J]. 群言, 1990（7）: 1.

[14] 吴登梅. 旅游也可养生 [J]. 中老年保健, 2002（9）: 39.

[15] 袁月梅. 旅游养生 [J]. 养生大世界（B版）, 2010（12）: 50—51.

[16] 王景明, 王景和. 对发展中医药旅游的思考与探索[J]. 经济问题探索, 2000（8）: 85—86.

[17] 刘德喜. 发展"中医疗养游"之探讨 [C] // 中华中医药学会. 中医药学术发展大会论文集. 杭州: 中华中医药学会, 2005: 780—782.

[18] 田广增. 我国中医药旅游发展探析 [J]. 地域研究与开发, 2005（6）: 82—85.

[19] 张文菊, 杨晓霞. 中医药旅游性质之我见——兼与张群商榷 [J]. 桂林旅游高等专科学校学报, 2007（1）: 13—15.

[20] 孙晓生, 李亮. 广东中医药文化养生旅游示范基地标准构建研究——梅州雁鸣湖旅游度假村个案分析 [J]. 中医药管理杂志, 2012, 20（8）: 730—733.

[21] 张春丽. 杭州中医养生旅游发展分析 [J]. 中国民族民间医药, 2009（11）: 46—49.

[22] 孙晓生, 李亮. 广东中医药文化养生旅游示范基地标准构建研究——梅州雁鸣湖旅游度假村个案分析 [J]. 中医药管理杂志, 2012, 20（8）: 730—733.

[23] 习宗广. 中医药旅游发展中存在的问题及解决对策 [J]. 社会科学家, 2010（1）: 95—97.

[24] 杨磊. 中医药文化旅游开发背景研究 [J]. 淮海文汇, 2011（6）: 28—30.

[25] 虢剑化, 冯进, 李晖, 等. 湖南中医药旅游资源开发策略研究 [J]. 现代生物医学进展, 2012（21）: 4166—4169.

[26] 朱琳.西峡中医养生旅游开发研究 [D]. 开封：河南大学，2013.

[27] 阚丽娜，刘卫红，陈洁莹.中山市中医院中医药文化养生旅游的开发及发展对策 [J]. 中医药管理杂志，2013（6）：554—556.

[28] 张晓莹，李晓明，张永利.简析黑龙江省中医药养生旅游发展现状[J].中国市场，2014（42）：172—173.

[29] 任保平，文丰安.新时代中国高质量发展的判断标准、决定因素与实现途径 [J]. 改革，2018（4）：5—16.

[30] 佚名.支撑经济高质量发展 刘志彪认为要尽快形成八大要素 [J]. 财经界，2018（9）：23—25.

[31] 何建民.新时代我国旅游业高质量发展系统与战略研究 [J]. 旅游学刊，2018，33（10）：9—11.

[32] 夏杰长.高质量发展是实现现代旅游强国的唯一选择 [N]. 中国经济报，2018-03-22（005）.

[33] 郭亮，殷晓旭.新旧动能转换助推青岛西海岸新区高质量发展 [N]. 中国经济导报，2021-11-02（008）.

[34] 干永和.基于消费者偏好的中医药康养旅游产品开发策略研究 [D]. 北京：北京中医药大学，2017.

[35] 汪文琪.基于 RMFEP 模式的海南省康养旅游产品开发策略研究 [D]. 海口：海南大学，2018.

附录一 湖北省 4A、5A 级旅游区 分布名录

黄鹤楼公园（5A）（武汉市）

武汉东湖风景名胜区（5A）（武汉市）

黄陂木兰生态文化旅游区（5A）（武汉市）

隆中风景名胜区古隆中景区（5A）（襄阳市）

三峡大坝旅游区（5A）（宜昌市）

三峡人家风景区（5A）（宜昌市）

长阳清江画廊旅游度假区（5A）（宜昌市）

十堰武当山风景名胜区（5A）（十堰市）

咸宁市赤壁古战场景区（5A）（咸宁市）

恩施州神农溪纤夫文化旅游区（5A）（恩施州）

恩施大峡谷景区（5A）（恩施州）

神农架生态旅游区（5A）（神农架林区）

武汉市归元寺（4A）（武汉市）

武昌首义文化旅游区（4A）（武汉市）

中科院武汉植物园（4A）（武汉市）

武汉市博物馆（4A）（武汉市）

中国地质大学逸夫博物馆（4A）（武汉市）

武汉科技馆（4A）（武汉市）

武汉市革命博物馆（4A）（武汉市）

武汉市黄陂区木兰清凉寨景区（4A）（武汉市）

黄陂锦里土家风情谷旅游区（4A）（武汉市）

武汉市海昌极地海洋世界（4A）（武汉市）

武汉市华侨城欢乐谷（4A）（武汉市）

武汉规划馆（4A）（武汉市）

黄陂区大余湾旅游区（4A）（武汉市）

九真山（4A）（武汉市）

黄陂姚家山景区（4A）（武汉市）

蔡甸金龙水寨（4A）（武汉市）

武汉紫薇都市田园（4A）（武汉市）

木兰胜天（4A）（武汉市）

中山舰旅游区（4A）（武汉市）

黄陂区木兰花乡景区（4A）（武汉市）

襄阳唐城景区（4A）（襄阳市）

春秋寨旅游区（4A）（襄阳市）

保康尧治河旅游区（4A）（襄阳市）

保康县五道峡风景区（4A）（襄阳市）

保康九路寨生态旅游区（4A）（襄阳市）

南漳香水河景区（4A）（襄阳市）

湖北汉城景区（4A）（襄阳市）

西陵峡风景名胜区（4A）（宜昌市）

三游洞景区（4A）（宜昌市）

车溪民俗旅游区（4A）（宜昌市）

宜昌市柴埠溪大峡谷风景区（4A）（宜昌市）

宜昌九畹溪风景区（4A）（宜昌市）

宜昌石牌要塞旅游区（4A）（宜昌市）

宜昌市三峡大瀑布旅游区（4A）（宜昌市）

三峡竹海生态风景区（4A）（宜昌市）

宜昌市高岚朝天吼漂流景区（4A）（宜昌市）

玉泉山风景名胜区（4A）（宜昌市）

远安鸣凤山景区（4A）（宜昌市）

五峰后河天门峡景区（4A）（宜昌市）

金狮洞景区（4A）（宜昌市）

三峡湿地·杨守敬书院（4A）（宜昌市）

宜昌百里荒高山草原旅游区（4A）（宜昌市）

宜昌清江方山景区（4A）（宜昌市）

宜昌三峡九凤谷景区（4A）（宜昌市）

宜昌市远安县武陵峡口生态旅游区（4A）（宜昌市）

昭君村古汉文化游览区（4A）（宜昌市）

黄石市黄石国家矿山公园（4A）（黄石市）

大冶市雷山风景区（4A）（黄石市）

黄石市东方山风景区（4A）（黄石市）

房县野人洞（谷）旅游区（4A）（十堰市）

十堰市五龙河旅游景区（4A）（十堰市）

郧西龙潭河旅游区（4A）（十堰市）

十堰市博物馆（4A）（十堰市）

丹江口市太极峡景区（4A）（十堰市）

丹江口市净乐宫（4A）（十堰市）

郧西县天河旅游区（4A）（十堰市）

郧县九龙瀑旅游区（4A）（十堰市）

十堰市赛武当旅游区（4A）（十堰市）

房县观音洞旅游区（4A）（十堰市）

十堰市人民公园（4A）（十堰市）

武当山南神道旅游区（4A）（十堰市）

郧西上津文化旅游区（4A）（十堰市）

郧县虎啸滩旅游区（4A）（十堰市）

竹山县女娲山旅游区（4A）（十堰市）

丹江口沧浪海旅游区（4A）（十堰市）

武当山快乐谷旅游区（4A）（十堰市）

荆州博物馆（4A）（荆州市）

荆州古城历史文化旅游区（4A）（荆州市）

悦兮半岛温泉旅游区（4A）（荆州市）

松滋洈水风景旅游区（4A）（荆州市）

荆州楚王车马阵景区（4A）（荆州市）

钟祥市明显陵旅游景区（4A）（荆门市）

钟祥市黄仙洞（4A）（荆门市）

荆门市绿林山景区（原大洪山鸳鸯溪）（4A）（荆门市）

荆门市彭墩乡村旅游世界（4A）（荆门市）

湖北省漳河风景名胜区（4A）（荆门市）

湖北莲花山旅游区（4A）（鄂州市）

湖北汤池温泉旅游景区（4A）（孝感市）

孝感市双峰山旅游度假区（4A）（孝感市）

孝感市孝昌县观音湖旅游度假区（4A）（孝感市）

孝感市天紫湖生态度假区（4A）（孝感市）

安陆白兆山李白文化旅游区（4A）（孝感市）

孝感金卉庄园度假区（4A）（孝感市）

大悟县中原军区旧址景区（4A）（孝感市）

红安县黄麻起义和鄂豫皖苏区纪念园（4A）（黄冈市）

浠水县三角山旅游风景区（4A）（黄冈市）

麻城市龟峰山景区（4A）（黄冈市）

麻城市烈士陵园（4A）（黄冈市）

红安县李先念故居纪念园（4A）（黄冈市）

英山县大别山主峰旅游风景区（4A）（黄冈市）

英山县桃花冲旅游风景区（4A）（黄冈市）

罗田县天堂寨景区（4A）（黄冈市）

红安县天台山风景区（4A）（黄冈市）

黄冈市遗爱湖景区（4A）（黄冈市）

罗田县大别山薄刀峰风景区（4A）（黄冈市）

黄梅县四祖寺禅宗文化旅游区（4A）（黄冈市）

黄冈市东坡赤壁风景区（4A）（黄冈市）

麻城市五脑山森林公园（4A）（黄冈市）

蕲春李时珍医道文化旅游区普阳观（4A）（黄冈市）

麻城市孝感乡文化园（4A）（黄冈市）

武穴市广济时光景区（4A）（黄冈市）

黄冈雾云山生态旅游景区（4A）（黄冈市）

黄梅县五祖寺景区（4A）（黄冈市）

英山县四季花海景区（4A）（黄冈市）

通山九宫山风景区（4A）（咸宁市）

龙佑赤壁温泉旅游度假区（4A）（咸宁市）

咸宁市陆水湖风景区（4A）（咸宁市）

咸宁市隐水洞景区（4A）（咸宁市）

咸宁市通圣太乙温泉（4A）（咸宁市）

咸宁市楚天瑶池温泉度假村（4A）（咸宁市）

嘉鱼县山湖温泉景区（4A）（咸宁市）

咸宁市温泉谷度假区（4A）（咸宁市）

三江森林旅游区（4A）（咸宁市）

黄鹤楼森林美酒小镇（4A）（咸宁市）

嘉鱼官桥田野乡村公园（4A）（咸宁市）

随州市西游记公园（4A）（随州市）

随州市炎帝故里风景名胜区（4A）（随州市）

随州市西游记漂流（4A）（随州市）

随州文化公园（4A）（随州市）

随州市大洪山风景名胜区（4A）（随州市）

中国随州千年银杏谷景区（4A）（随州市）

恩施州利川腾龙洞风景旅游区（4A）（恩施州）

恩施州恩施土司城景区（4A）（恩施州）

恩施州坪坝营原生态休闲旅游区恩施州坪坝营景区（4A）（恩施州）

恩施州咸丰县唐崖河景区（4A）（恩施州）

恩施州建始野三河旅游区（4A）（恩施州）

恩施州梭布垭石林旅游区（4A）（恩施州）

恩施州利川龙船水乡景区（4A）（恩施州）

恩施州巴人河生态旅游区（4A）（恩施州）

恩施州利川大水井文化旅游区（4A）（恩施州）

恩施州恩施市土家女儿城旅游区（4A）（恩施州）

恩施州建始县石门河景区（4A）（恩施州）

恩施州来凤县仙佛寺景区（4A）（恩施州）

恩施州巴东县链子溪景区（4A）（恩施州）

恩施州宣恩伍家台乡村休闲度假区（4A）（恩施州）

恩施州来凤杨梅古寨景区（4A）（恩施州）

鹤峰湘鄂边苏区鹤峰革命烈士陵园（4A）（恩施州）

利川玉龙洞旅游区（4A）（恩施州）

仙桃梦里水乡文化旅游区（4A）（仙桃市）

神农架天燕旅游区（4A）（神农架林区）

神农架红坪景区（4A）（神农架林区）

巴桃园景区（4A）（神农架林区）

附录二 湖北省森林康养基地名录

国家森林康养基地（第一批）

湖北保康县五道峡景区横冲森林康养基地

钟祥市大口国家森林公园

罗田县燕儿谷森林康养基地

通城县药姑山森林康养基地

国家森林康养试点建设县

利川市

神农架林区

兴山县

鹤峰县

全国森林康养基地试点建设乡（镇）

宜昌市夷陵区邓村乡

宜昌市当阳市庙前镇

黄冈市蕲春县大同镇

中国森林康养人家

神农架林区"梅子民宿－南溪"森林康养人家

当阳市红林森林康养人家

麻城市茯苓窝森林康养人家

钟祥市清平乐露营地森林康养人家

全国森林康养基地试点建设单位（30 个）

竹山县圣水湖森林康养基地

钟祥市万紫千红森林康养基地

保康县九路寨森林康养基地

荆门市东宝区圣境花谷森林康养基地

钟祥市花山寨林场森林康养基地

罗田县薄刀峰森林康养基地

保康县尧治河森林康养基地

麻城市龟峰山国家森林自然公园森林康养基地

仙桃市梦里水乡森林康养基地

利川市旭舟森林康养基地

安陆市月亮山森林康养基地

恩施土家族苗族自治州梭布垭石林景区森林康养基地

蕲春县云丹山森林康养基地

恩施土家族苗族自治州铜盘水森林康养基地

红安县国有大斛山林场森林康养基地

巴东县国有巴山林场森林康养基地

京山市虎爪山森林康养基地

英山县四季花海森林康养基地

房县花田酒溪森林康养基地

十堰市郧阳区沧浪山森林康养基地

竹山县九华山林场森林康养基地

武汉市新洲区将军山森林公园森林康养基地

通城县黄袍林场森林康养基地

英山县桃花溪森林康养基地

夷陵市夷陵区百里荒森林康养基地

神农架林区龙降坪森林康养基地

随州市曾都区千年银杏谷景区森林康养基地

广水市黄土关农文旅小镇森林康养基地

宜昌市夷陵区玉龙湾森林康养基地

神农架林区神农云寨森林康养基地

后记

中医药医疗与养生保健在中国有着源远流长的历史。近些年，中医药康养旅游更是成为新兴旅游方式，受到越来越多国人的青睐，也成为研究的前沿热点。

自2012年从四川大学旅游管理专业硕士毕业进入湖北省黄冈师范学院任教以来，由于地缘关系和乡土情结，我对湖北省的旅游产业特别是康养旅游产业发展进行了持续关注。这十年来，我见证了《湖北省乡村振兴战略规划（2018—2022年）》《湖北省推进中医药强省建设三年行动计划（2020—2022年）》《湖北省大健康产业发展"十四五"规划》《湖北省旅游业发展"十四五"规划》等众多重要政策的出台，也亲自参与了湖北省黄冈市下属的蕲春、黄梅、麻城、红安、英山、罗田、浠水等多个县区乡村旅游、红色旅游、康养旅游的发展规划、调研、培训等工作。通过这些政策学习和实践经验，结合在大学课堂上讲授的旅游经济学、旅行社管理等专业知识，我深刻体会到湖北省作为中医药大省和旅游大省的深厚底蕴，在发展中医药康养旅游上具有独特的优势。

2018年5月，湖北省中医药康养游暨李时珍蕲艾文化游推广活动于黄冈蕲春正式启动，首次公布了8条中医药康养旅游线路。由此激发了我的研究灵感，即从中医药康养旅游线路出发，聚点成线、以线带面，对湖北省中医药康养旅游的发展现状进行全面调研，深入分析该省已具备和潜在的中医药康养旅游资源，从而为湖北省中医药康养旅游高质量发展提供有效政策建议，并规划一批新的特色旅游路线。基于此，2021年我申报了湖北省教育厅人文社科基金项目，并有幸得到批准，本研究得到了官方支持和经费资助。

在这两年的课题研究过程中，我带领团队成员搜集了各类研究文献、统计年鉴和政策规划文本，特别对湖北省首批的 8 条中医药康养旅游线路中所涉及的地市旅游管理部门和旅游景区进行了深入访谈和调研。研究过程中，团队成员感受到了湖北省发展中医药康养旅游的巨大潜力，同时发现了不少亟待解决的问题，这更增强了研究团队沉甸甸的使命感和高水平完成研究的紧迫感。

基于本课题的研究结论，湖北省推进"药、医、养、游"共同发展的前景广阔。未来的重点应在于挖掘和整合各地市的中医药康养旅游资源，构建有世界影响的中医药康养旅游品牌，培育专业化的中医药康养旅游管理体系，打造一批国家康养旅游示范基地及引领项目，孵化一批具有自主知识产权的中医药康养旅游产品，建立中医药康养旅游新地标。这既是本书的研究展望，又是湖北省中医药康养旅游产业值得期待的美好未来。

除了"现状—问题—原因—对策"的传统研究范式，本书以湖北省中医药康养旅游的精品路线设计作为重要线索，在研究内容中专门增加了各类旅游线路和旅游景点的描述和解读，使本书的学术性、实用性和趣味性得到完美统一，希望能为国内学术界同行和各省旅游管理部门提供有益借鉴，成为广大中医药康养旅游爱好者和从业者的实践指南。

回首书稿的形成过程，选题创意经过多次推翻和重构，研究设计经过多次修改和补充，从课题研究报告粗稿到专著的最终定稿又经过多轮修订，其中艰辛难以言说，同时对关心与支持本书出版的师长及朋友表示感激。

首先，感谢黄冈师范学院地理与旅游学院的侯贵宝教授。他在课题选题和项目申报过程中提出了真知灼见，为研究的顺利开展提供了诸多便利条件。

其次，感谢黄冈师范学院地理与旅游学院的学生李佳欣、张清杨、黄正容和刘灿灿，他们身体力行，参与了本研究的一线调研工作，为书稿的形成做了大量的基础工作。

最后，特别感谢中国教育科学研究院的李威博士。他出生于湖北蕲春，对中医药康养产业发展有着先天的敏感，不仅是本课题的指导者与合作者，对研究的理论框架和研究设计提出了很好的建议，帮助搜集和整理各种重要文献，还是诤友，时常指出我学术研究中的不足，对我的疏懒和倦怠毫不留情地予以批评。本书的顺利成稿离不开他的心血和大力支持。

　　尽管书稿已成，代表本课题研究暂时画上了一个句号，但我深知本书在资料占有、理论深度以及研究方法上还存在诸多不足，未来有必要进一步完善和深入研究。也希望本书付梓后，能够与学界同人进行交流探讨，并请不吝批评指正！

黄冈师范学院　　甘　婷

2022 年 5 月 23 日于黄冈